학교에 사람꽃이 피었습니다

학교에 사람꽃이 피었습니다

김현진의 학교 인권 이야기

에듀니티

학교에 사람꽃이 피었으면 좋겠습니다

마침표를 찍었습니다. 믿어지지는 않습니다. 혼자 독백하듯 읊조리던 이야기들을 종이에 옮겨 세상에 내놓는 귀한 경험을 하게 되다니 말입니다.

이 이야기는 제가 학교에 있었던 17여 년간의 이야기들입니다. 그래서 행복한 이야기도, 답답한 이야기도 또 슬픈 이야기도 있어요. 학교도 사람이 사는 곳인지라 다양한 이야기들이 늘 쏟아집니다.

학교는 교육을 하는 곳이죠. 교육의 목적은 한 인간이 자기 깜냥으로 살 수 있게 하는 것입니다. 자기 깜냥이란 자기 삶을 스스로 꾸려나가는 힘이고요. 그런데 우리는 학교에서 가장 중요한 목표를 놓치고 있었어요. 여러 가지 핑계를 대면서요. 좋은 대학, 좋은 직장,

공정성 등등…….

이건 학교의 탓이 아닙니다. 학교를 둘러싼 그 모든 것들의 탓이죠. 그런데 항상 '학교, 너는 왜 그거밖에 못해?'라고 꾸중을 들었습니다. 학교에 있는 교사들은 더 말할 것도 없고요. 학교가 잘못한 것이 있다면 스스로의 한계를 인정하지 않고 '우리가 다 할게.' 하고 호언장담한 것입니다. 그 과정에서 교사와 학생의 인권은 보장받지 못했어요. 학교는 사람 그 자체를 목적으로 봐야 하는데 다른 일에 우선순위를 두다가 그만 가장 중요한 사람을 놓치고, 심지어 그 사람들을 대상화한 것이죠.

제 이야기는 '이제 학교에서 교사와 학생을 사람으로 보면 안 될까요?'라는 부탁의 글입니다. '학교에 간다'는 말은 학교라는 공간에 간다는 의미만은 아니죠. '학교에서 공부도 하고, 친구들과 놀기도 하고, 가끔 딴짓도 한다'는 여러 가지 의미가 있죠. 이 모든 것이 가능한 이유는 학교는 관계가 탄생하는 곳이기 때문입니다.

관계의 싹이 트고 꽃이 피어 그 꽃이 씨앗을 또 퍼뜨리는 곳. 그 중요한 출발의 장소가 학교였으면 좋겠다는 생각으로 끄적인 글들을 이제 세상에 펼쳐 보이려 합니다.

인권의 '인'자도 모르던 제게 인권을 공부해야겠다는 다짐을 하게 해 주신 인권정책연구소 김형완 소장님, 몇 번이고 못 하겠다고 할 때마다 격려하며 북돋아 주신 에듀니티 김병주 대표님, ㄲ적인 이야기를 책으로 만들어 주신 에듀니티 식구들, 원고 정리한답시고 일요일 저녁마다 집을 비웠음에도 잘 지내준 가족들, 내 이야기가 글이 될까 자괴감에 빠질 때마다 "무슨 소리야, 언니!"라며 뒤에서 밀어준 이소희, 정다운 장학사 그리고 지난 1월 큰딸에게 미안하단 말도 못 듣고 갑자기 세상을 떠난 아버지와 그 빈자리에서 고군분투하시는 사랑하는 엄마께 감사드립니다. 제 이야기가 세상에 나올 때 즈음엔 아마 학교의 모든 사람에게 이 시(詩)를 읽어 드려야 할 시간일 것 같네요. 함민복 시인은 마흔 번째 봄을 노래했지만, 저는 마흔네 번째 봄을 노래하겠습니다.

2019년 봄
김현진

마흔 번째 봄

함민복

꽃 피기 전 봄 산처럼
꽃 핀 봄 산처럼
꽃 지는 봄 산처럼
꽃 진 봄 산처럼

나도 누군가의 가슴
한 번 울렁여 보았으면

* 시집 《꽃봇대》 (대상, 2011) 수록

인권으로 세상과 소통하고 싶은 한 교사의 아름다운 도전

— 김형완 前 국가인권위원회 인권정책과장, 現 인권정책연구소장

"나는 생각한다. 고로 존재한다(I think therefore I am)."라는 데카르트의 유명한 말은 곧 "나는 말한다. 고로 존재한다(I speak therefore I am)."이다. 생각 없이 말할 수 없고, 말없이 생각할 수 없기 때문이다. 생각과 말은 동전의 양면과 같다.

말은 소통의 수단이니 상대가 있기 마련이다. 나 홀로 중얼거리는 것은 소통이 아니다. 소통은 타자를 통해 나를 확인하고 드러내는 것이다. 그러므로 생각과 말을 잃거나 빼앗기면 인간은 심각한 정체성의 위기를 맞는다. 우리는 이것을 '표현의 자유'라고 일컫는다.

표현의 자유는 기본권 중의 기본권이다. 저자는 표현의 자유에 대해 "민주주의는 개인들이 모여 자기 말을 하며 서로 소통하는 것이

다. 그런데 말하는 것을 억압한다? 민주주의의 토대를 아예 인정하지 않겠다는 것 아닌가?"(본문 76쪽)라고 말한다. 즉 우리는 표현을 통해 타자와 소통하고 관계를 맺는다는 것이다.

나는 타자를 통해, 타자는 나를 통해 비로소 존재한다. 인간이 사회적 존재인 까닭이다. 그래서 데카르트의 말은 "나는 표현한다. 고로 존재한다(I express therefore I am)."를 거쳐, "나는 소통한다. 고로 존재한다(I communicate therefore I am)."가 된다.

한편, 삶과 유리된 표현은 공허하다. 삶의 현장에서 겪은 구체적인 경험이 녹아든 표현은 그래서 그만큼 무게를 갖는다. 이 책에서 저자는 교권과 체벌, 학교폭력, 성차별 등 오늘날 교육 현장이 안고 있는 민감하고 숱한 문제들에 대해 우회 없이 정면으로 부딪친다. 삶이 고단하고 현장이 척박할수록 세상을 바라보는 시선에 날이 서기 십상이다. 그러나 저자의 시선은 날카로우나 부드럽고, 직설적이지만 따뜻하다. 게다가 솔직하다.

"고백하자면 나는 예전에 엄청난 체벌력을 자랑하던 교사였다. 당구장에서 쓰는 막대기도 사용했고, 심지어 남자 중학교에 근무할 때는 청소용 마포 자루도 자주 사용했다. 그렇게 매를 들면 학생들이 나를 무서워했고, 내 수업 시간에 그 누구도 떠들지 않았다."(45쪽) 그랬던 저자가 인권과 민주주의 문제들을 자신의 문제로 끌어안는다. 화려한 이론이 아니라 교사로서 교실에서 직접 체험한 사례에 기반하기에 더욱 생생하다. 절망스럽기 짝이 없는 교육 현장의 모순과 난맥을 파헤쳐 흔들지만 결코 과격하지도 희망의 끈을 놓지도 않는다. 저자는 말한다. "경직되고 딱딱하다고 소문난 학교라는 곳이 사실은 그렇지 않을 수 있다. 조금씩 조금씩 흔들면 학교가 얼마나 더 행복해질까 기대를 가져본다."(32쪽)

　이 책에서 모든 문제들은 결국 민주주의를 거쳐 시민성으로, 나아가 인권으로 수렴된다. 새로운 것이 아니다. 헌법과 교육기본법, 초중등교육법에 이미 다 규정된 것들이다. "인권에 대해 교육한다는 것은 가해를 참는 것이 아니라 타자의 자기결정권을 무시하고 타자의 신체에 폭력을 휘두르면 안 된다는 것을 알려 주는 것이다. 학생들에게 인권교육을 한다는 것은 '학교에서 학생들의 인권을 침해한 선생님이 있으면 얘기해 봐'라며 신고를 받는 것이 아니다. 학생이어서가 아니라 학생이기 이전에 시민인 개인이기에 인권을 침해당하면 안 되고, 그럴 때는 국가가 너희를 보호해 준다는 것을 알게 해 주는 것이다."(40쪽) 그런데 이런 말이 왜 우리에게 낯설고 새로운가. 규범과 현실이 충돌하고 서로를 왜곡하고 있기 때문이다.

　저자는 교육 현장에서 겪은 자신의 경험을 통해 학교를 둘러싼 여러 논란들에 대해 꼼꼼하게 다룬다. 개인의 일탈보다는 맥락을 보려 애쓰면서,(39쪽) 교권 침해의 본질을 통렬하게 규명한다.(96쪽)

이 책의 부제는 '인권 이야기'이다. 교육기본법에 교육이념을 "홍익인간(弘益人間)의 이념 아래 모든 국민으로 하여금 인격을 도야(陶冶)하고 자주적 생활능력과 민주시민으로서 필요한 자질을 갖추게 함으로써 인간다운 삶을 영위하게 하고 민주국가의 발전과 인류공영(人類共榮)의 이상을 실현하는 데에 이바지하게 함"으로 규정하고 있으니 하나도 이상할 것이 없다.

교육은 인권과 민주적 역량을 키우는 과정이다. 그런데 오늘 우리 교육은 좌표를 잃었다. 학교가 아프다. 교사가 아프고 학생이 아프며 학부모도 아프다. 관계가 끊어졌다. 인권과 민주적 역량을 통해 함양되어야 할 인격적 관계가 실종된 것이다. 인격적 관계가 끊어지면 서로가 수단으로 전락된다. 인간 존엄성이 부정되는 곳에서 사람이 온전할 리 없고 관계가 건강할 리 없다.

이 책은 그래서 인권으로 세상과 소통하고자 하는 한 교사의 호소이자, 우리 모두를 위한 가르침이다. 저자는 프롤로그에서 "관계의 싹이 트고 꽃이 피어 그 꽃이 씨앗을 또 퍼뜨리는 곳. 그 중요한 출발의 장소가 학교였으면 좋겠다"고 말한다.(5쪽) 관계가 싹 트고 꽃이 피고 씨앗을 퍼뜨리기까지 어찌 아름다운 서사만이 있으랴. 무수한 시련과 상처가 있을 것이다. 그러나 그러한 아픔을 함께 나눌 때 비로소 우리가 사는 세상은 조금씩 아름다워질 것이다. 나는 이 책을 읽으며 "나는 애도한다. 고로 존재한다(I mourn therefore I am)."라는 자크 데리다의 말이 자꾸만 되새겨졌다.

차례

인권에 대해 생각하다

장면 하나

5년 차 초등학교 교사 이 선생님, 5학년 담임을 맡고 있다. 여름 방학을 맞아 학생들과 함께 학급 현장학습을 가려고 했으나 가지 못했다. 이유는 '옆 반 담임이 뭐가 되냐?'는 교감 선생님이 조용한 만류가 있었기 때문이다. 그래서 이 선생님은 혼자 생각했다.

'담임 교사가, 이 정도 교육활동을 자유롭게 하는 것도 안 되는 걸까?'

장면 둘

학생들이 겨울에 입는 교복은 따뜻하지 않다. 교복 가격이 공동

구매 등으로 많이 저렴해지기는 했지만 여전히 비싸다. 게다가 가격 대비 교복의 질은 고개를 갸우뚱하게 한다. 그래서 학생들은 추운 겨울이면 점퍼를 한 개 더 걸치고 등교를 한다. 하지만 교문까지만 입고 갈 수 있다. 왜냐하면 학교에서는 교복만 입어야 한다는 교칙이 있기 때문이다. 추운데 왜 교복 위에 점퍼를 입으면 안 되냐고 질문하면 "그럼 교복 안에 겨울 내의를 입으라." 하는 교사도 있다. 심지어 값비싼 점퍼를 입는 것은 학생답지 않다고 강변하는 교사도 있다. 도대체 학생다움이란 무엇일까?

위의 두 가지 장면은 학교에서 쉽게 접할 수 있는 모습이다. 첫 번째 장면은 교사의 교권과, 두 번째 장면은 학생의 인권과 관련이 있다. '인권'의 뜻은 무엇일까? 국가인권위원회 법 제2조(정의)에 보면 이렇게 나와 있다.

'인권'이란 대한민국 헌법 및 법률에서 보장하거나 대한민국이 가입·비준한 국제인권조약 및 국제관습법에서 인정하는 인간으로서의 존엄과 가치 및 자유와 권리를 말한다.

그러니까 대한민국 헌법이나 대한민국이 가입하고 비준한 국제인권조약과 국제관습법에서 인정하는 인권의 정의를 우리도 그대로 인정한다는 뜻이다. 그럼 대한민국 헌법에는 무엇이라고 나와 있을까?

반복되는 구절이 보인다. 바로 '인간으로서의 존엄과 가치'라는 말이다. 도대체 인간으로서의 존엄과 가치는 무엇일까? '한 개인은 가치가 있고 존중받고 윤리적인 대우를 받을 권리를 타고 났기 때문(출처: 위키백과)'에 가지는 것이 존엄성이다. 즉 모든 인간은 가치 있고 존중받고 윤리적인 대우를 받을 권리가 있다는 말이다. 그래서 우리는 장애, 피부색, 종교, 사회적 지위, 성별 등에 관계없이 인간으로서의 존엄과 가치를 존중받을 수 있다.

다시 학교로 가볼까. 우선 교권부터 살펴보자. 여러 가지 법령들에 나와 있는 교권의 개념을 추려보면 교육할 권리, 전문가로서 교사의 권리 그리고 교사 개인의 권리 이렇게 세 가지다. 그중 세 번째 교사 개인의 권리는 '인권'과 함께 이야기된다. 그러나 교육할 권리와 전문가로서 교사의 권리는 교사에게만 주어진다. 왜냐고? 교권은 국가가 교사라는 직(職)을 가진 사람에게 학생의 학습권을 보호하라고 부여한 2차적 권한이기 때문이다.

교권은 교사가 가지는 권위가 아니다. 그건 교권의 의미를 잘못 이해한 것이다. 권위는 권리 또는 권한과 다르다. 교권은 학습권을 보장하기 위한 2차적 권한이다. 학습권 보장을 위해 교육할 권리와 전문가인 교사의 권리를 국가가 보호해 주면 교사는 그 힘을 바탕으로 학생의 학습권을 보장해 주어야 한다.

앞의 두 가지 장면 중 첫 번째 장면은 바로 교사의 교육할 권리가 보호받지 못하는 상황이다. 예를 들어 저 상황에서 절차에 문제가 있거나 위험한 곳으로 체험학습을 가려 한다는 등의 이유가 아닌 '옆 반 담임이 뭐가 되냐?'는 이유로 교사의 교육활동이 보호받지 못한다면 학교에서는 모든 담임 교사가 똑같은 내용의 교육활동을 해야 한다는 것이 된다. 이게 가능한가. 한 학년에 열 명의 담임 교사가 있다면 열 명의 수업이 모두 다를 텐데 어찌 똑같은 교육활동을 할 수 있나.

두 번째 장면은 학생들에 관한 이야기이다. 우리는 '학생은 학생답게'라는 말의 함정에 자주 빠진다. 아무리 추운 겨울이라도 학생다우려면 추위를 견뎌야 하는 것일까? 교복 위에 점퍼를 입고 학교에 오는 것이 학생다운 것과 어떤 관련이 있나? 이 상황이 합리적이라 생각하는가? 혹시 이 글을 읽는 당신이 교사라면 답할 수 있나? '선생님, 왜 추운 겨울에 점퍼를 입고 등교하는 것이 학생답지 않나요?'라는 질문에 말이다.

혹시나 점퍼 착용을 허락하면 학교 분위기가 어수선해질 거 같다고? 질문을 바꿔 보겠다. 우리는 학교에서 교사와 학생에게 자유롭게 자신에 관한 그 어떤 것이라도 결정할 수 있게 해 준 적이 있나?

보통 인권이라고 하면 차별을 동시에 떠올린다. 아마도 내가 원하지 않는 이유로 인해 차별받을 때 '인권을 보장받지 못한다'고 생각하기 때문일 것이다. 뿐만 아니라 나에 관한 중요한 것을 스스로 결정할 권리인 '자기결정권'이 억압당할 때에도 우리는 인권을 떠올린다. 이는 인권의 핵심이 바로 자기결정권이기 때문이다. 헌법재판소는 이미 1990년 9월 10일에 다음과 같이 결론을 내렸다.

> '자기결정권(自己決定權)이란 대한민국 헌법상의 권리로 국가권력으로부터 간섭 없이 일정한 사적 사항에 관하여 스스로 결정할 수 있는 자의적 권리를 의미한다. 자기결정권의 근거로는 헌법 제10조가 보장하고 있는 개인의 인격권과 행복추구권에 전제된 개인의 자기운명결정권이다. 이 자기운명결정권에 성적 자기결정권이 포함되어 있으며 자기결정권의 근거를 제10조로 보고 있다.' (헌재결 1990.9.10. 89헌마82)

교사의 교육할 권리도 학생의 인권도 모두 국가가 보호해야 하는 중요한 인권 개념의 한 가지다. 즉 교권과 학생인권은 대립하는 개념이 아니다. 혹자는 학생인권을 과도하게 보장해 주기 때문에 교권이 위협을 받는다고 말한다. 하지만 인권이라는 말이 종이 밖으로 나온 후 이제 겨우 인권에 대해 알게 되었을 뿐이다. 심지어 학교 구성원인 교사와 학생은 국가로부터 인권, 교권 그리고 학생인권을 제대로 보장받은 적이 없다.

학생인권이 과도하게 보장된다는 근거가 어디에 있나? 왜 교사들이 학교 다닐 때의 학생 모습을 2019년 지금의 학생 모습과 비교할까. 그 비교는 잘못된 비교다. 10년이면 강산도 변한다는데 이미 수십 년이 지난 지금 교사도 학생도 그때와 같을 수는 없다. 같으면 오히려 이상한 것 아닌가?

지금부터 내가 학교에 있던 17년 3개월간의 이야기를 하려고 한다. 국어 교사인 내 눈에 비친 학교의 모습과 우리 일상을 '인권'이라는 필터로 보았던 소소한 이야기다. 이제, 시작해 보겠다.

'김현진을' 반대합니다!

오랜만에 지인이 메시지를 보냈다.

지금 시청 앞 기도회에서 보내온 문자입니다.

시청 01063871177로 동성애 반대 의견 보내면 시청 전광판에 떠요!

문자 계속 전달해 주세요. 시청 앞이에요. 멀티문자 안 되고 단문만 가능합니다. 동성애 절대 반대라고만 보내면 돼요. 통과 안 되도록 우리가 계속 기도를! 이 법이 통과되면 학교에서도 동성애 교육을 한대요. 교회 목사님이 동성애자 결혼 주례 안 해 주면 벌금 물고요. 계속 기도 부탁해요. 동성애 평등법안 통과 안 되도록요!!

150명 위원 중 7명만 우리 편이래요. 그쪽에서 투표로 결정하자고 하면 자동적으로 통과. 그렇게 안 되도록 기도 부탁. 지금 문자 보내 주세요. 시청 앞 광장에 여러분이 보낸 문자가 카운터된답니다. ○○○ 장로 회장.

100사람에게 보내 주세요 부탁합니다. 적극 문자 보내 주세요. 기도도 부탁드리고 문자도 꼭 좀 넣어 주십시오. 감사합니다.

받고 나서 한참을 고민했다. 실수로 보낸 것 같지는 않았다. 그래서 답장을 보냈다

저한테 이걸 왜 보내셨는지 여쭤 봐도 되나요? 이건 허위 사실 유포로 형사고발할 일인데요.

학교에선 동성애 교육을 하지 않고 법이 통과돼도 그런 교육을 할 수 없습니다. 한 사람의 의견을 반대할 순 있지만 그 사람 자체를 반대하는 게 어떻게 가능한지…… 알고 계시면 좀 알려 주세요. ○○이네와의 좋은 추억이 훼손되지 않게 해 주시기 바랍니다.

잠시 후, 답장이 온다.

아, ○○ 엄마 기독교 아니었나요? 그렇다면 죄송 ^^

나는 다시 답했다.

기독교도 맞아요. 다만 남의 생각을 제 생각처럼 다른 사람들에게 무조건 알리진 않아요. 하나님은 소수자를 혐오하라고 하시지 않은 걸로 압니다. 저 문자 출처는 제가 밝히겠습니다.

이후 대화는 생략한다.

메시지를 받고 나서 많은 생각을 했다. 솔직히 말하면 저런 문자 메시지처럼 가짜 뉴스가 판을 치는 상황도 불편하지만, 인권에 대해 알게 되면서 이런 편견들이 나를 꿈틀꿈틀하게 하기 때문이다. 아마 예전 같았으면 귀찮아서 답장도 하지 않고 그냥 무시했을 것이다.

나는 하나님을 믿는다. 아주 어릴 적부터 교회에 다녔다. 언제부터인지 기억도 나지 않을 만큼 어릴 때부터 말이다. 심지어 대학을 갈 때도 한신대 기독교교육과에 지원해 합격했지만 사립대학이라 등록금 때문에 포기하고 사범대학 국어교육과에 진학했다.

학교 근처에 새로운 교회를 찾아가는 게 부담스럽고, 또 사춘기 같은 대학 시절을 보내면서 신앙에서 멀어졌다. 그러다 교사 임용과 결혼 그리고 출산 등을 겪으며 내 삶에 많은 일들이 있었고 결국 다시 종교를 찾았다. 그러나 시간이 흐를수록 교회가 보여 주는 배타적인 모습과 약자에 대한 무조건적 혐오를 보며 1년간의 고민 끝에 다른 교회로 옮기게 되었다. 하지만 새로 찾아간 교회 역시 진리와 정의를 말하는 것이 아니라 그저 기복(祈福)에 매몰된 모습에 실망해 지금은 교회에 다니지 않는다.

우연인지 운명인지 모르겠지만, 어릴 때 다니던 교회의 경제적 지원이 아니었다면 나는 중고등학교에 다닐 수 없을 만큼 가난한 유년기를 보냈다. 대학에 입학할 때는 교회 장로님께서 입학금을 대주셨다. 장로님은 작년에 세상을 떠나셨지만 그 교회 목사님은 지금도 명절이면 찾아뵙는다. 늘 가난하게 사셨고 지금도 가난하게 살고 계시는 목사님은 책을 맘껏 사서 읽고 싶다 하셔서 나는 항상 도서상품권을 선물로 드린다. 그 도서상품권이 그 시절의 빚을 갚을 수 있을지 모르겠지만 말이다.

　이 글은 일종의 커밍아웃이다. 나는 하나님을 믿는다는 커밍아웃이다. 하지만 내가 아닌 다른 사람들, 흑인과 장애인과 남성과 동성애자를 반대하지 않는다. 흑인과 장애인과 남성 그리고 동성애자의 공통점은? 내가 어찌할 수 없는 개인 그 자체, 다시 말하면 개인이 '존재'하는 그 자체라는 것이다.

　무하마드 알리가 흑인이라는 것을 반대할 수 있는가? 그룹 클론의 멤버 강원래 씨가 장애인이 된 것을 반대할 수 있는가? 친한 초등학교 남자 동창생이 남성인 것을 반대할 수 있는가? 반대할 수 있다면 방법을 좀 알고 싶다.

　《불편해도 괜찮아》의 저자 김두식 교수의 자기 고백처럼 나와 친한 누군가가 동성애자임을 고백한다면 나는 어찌해야 하는가? 엄밀히 따지자면 그 고백을 들은 내가 어찌해야 하는지 고민할 것이 없다. 그 사람은 항상 내 옆에 있던 사람이고, 그는 변한 것이 없으며,

단지 자신이 어떤 사람인지 나에게 알려준 것뿐이니 말이다.

하지만 한 발 더 나아가 내 자식이 이 사회의 소수자라면? 그건 인간적으로는 어찌할지 나도 잘 모르겠다(아직 나는 삶과 배움이 덜 일치하나 보다). 다만, 그 사실을 받아들이는 연습은 할 것이다. 자식은 내 소유물이 아니라 내가 단지 열 달 품어 세상에 내어보낸 '너'인 것을……

그렇다면 내가 가르치는 학생이 이 사회의 소수자라면? 교사인 나는 무엇을 할 것인가? 어느 독실한 기독교도 교사처럼 학생을 붙들고 앉아 "네게 마귀가 씌었으니, 내가 기도해 주겠다."라고 할 것인가(이건 실제 겪었던 일이다. 그땐 인권을 접하지 않아서 그냥 그 교사가 이상한 사람이라고만 생각했다)?

교사인 내가 할 수 있는 일은 그 학생이 소수자라는 이유로 학업과 학교생활에서 배제되는 것을 막아 주는 것이다. 교사와 학생은 배움의 관계에서 만난다. 그런데 그 학생의 '현존(現存)'을 인정하지 않고 무슨 수업이 가능하겠는가? 존재를 부정당하는 삶이 주인들이 얼마나 많은가? 학생들을 비롯해서 학교의 비정규직, 장애인, 성적 소수자, 이주 난민, 가난으로 배제되는 사람 등 우리 사회에는 약자들이 얼마나 많은가?

또 하나, 내가 가르치는 학생이 임신을 했다면? "얼마나 몸을 함부로 굴렸으면 그 나이에 애를 배냐?"고 해야 하나(이것도 내가 목격한 주변 교사의 말이다, 물론 초임 시절의 일이다)? 아니다. 내가 교사로서 할 수 있는 일은 그 학생이 학업을 지속하기를 원할 때 그것이 가능하도록 '교사의 역할'을 하는 것뿐이다.

기독교 내부의 문제를 뼈를 깎는 반성과 기도로 해결하려 하기는 커녕, 집단 밖에 악의 대상을 설정하고 '동성애, 이슬람 때문에 기독교가 망한다'고 하면서 결집을 하는 한국 교회를 보면 그들이 믿는 하나님과 내가 믿는 하나님은 다른 분일까 고민하게 된다. 저런 문자를 받고도 아무런 사유와 고민 없이 여기저기 보내는 기독교인들을 보며, 행간의 의미를 이해하고 열 번 중 두 번은 '왜?'라고 물을 수 있는 시민을 키우기 위해 학교에선 무엇을 할 수 있을까도 고민해 본다.

'나는 당신의 생각에는 반대할 수 있지만, 당신의 존재는 내가 찬성하거나 반대할 대상이 아니다.' 이것이 인권의 출발이고, 이런 말을 할 수 있게 되기 위해 인권을 공부하는 것이다. 인권을 알게 되는 것은 동성애를 찬성하는 것이 아니다. 그 누구의 존재도 찬반의 대상이 아님을 알고, 이것을 말하기 위한 용기와 근거를 만드는 것이다.

기
말
고
사
보
는
날

기말고사 셋째 날 아침 풍경 1

아이들 표정이 비몽사몽이다. 아이들은 지난밤에 늦도록 단톡방에서 시험 정보를 나누었다. 누가 교과서나 유인물을 가져오지 못했다 하니 서로 사진을 찍어 올리는 길 보면서 학교의 모습은 오히려 학교 밖에서 많이 일그러트리는구나 싶다. 실제로 학생들은 학교 밖에서 말하는 것처럼 이상한 경쟁을 하지는 않는다. 학교와 연관된 말들에 경쟁, 서열 이런 것들을 덧칠하는데, 신중히 생각해 봐야 할 일이다.

하얀 교복 상의 깃에 아이들이 달고 있는 노란 리본. 시험 보는 중에도 교복에 노란 리본을 챙겨 달고 오는 아이들. 나는 오늘 시험이 끝나면 학교 선생님들과 삼악산에 오르기로 해서 등산 복장으로 오는 바람에 노란 리본을 잊었는데……. 아이들 앞에서 가끔, 부끄럽다.

기말고사 셋째 날 아침 풍경 2

선천성 뼈 기형 질환으로 큰 수술을 받은 H. 여전히 목발을 짚고 다닌다. 수술 후 등교한 지 이제 한 달하고 하루 지났다. 시험 기간에는 학년 간에 교실 이동을 하기 때문에 이번에 3학년 교실로 이동해서 시험을 치러야 하는 H에게 "선생님이 너를 어떻게 도울 수 있겠니?"라고 시험 시작 전에 물어봤다.

"계단을 오를 때는 괜찮은데요, 계단을 내려올 때 좀 힘들어요."

"아 그래? 그럼 샘이 3학년 교실에 가서 먼저 양해를 구할게."

바로 고3 교실에 올라갔다. 역시 시험 기간의 고3 교실에는 긴장감과 정적이 감돈다.

"애들아, 난 2학년 2반 담임 선생님이야. 우리 반에 얼마 전 큰 수술을 해서 다리가 불편한 친구가 있는데, 이 친구가 오래 앉아 있기가 힘들거든. 그래서 혹시 시험 볼 때 좀 움직여도 양해를 해달라고 부탁하러 왔어."

열심히 공부하던 고3 여학생들이 일제히 고개를 들더니 "괜찮아요." 한다. 그 순간 왜 울컥하지?

"어…… 그런데 한 가지 더 부탁이 있어. 이 친구가 학생들이 많이 이동할 때 부딪힐까 봐 겁이 난대. 아직 수술한 지 얼마 되지 않아서 외부에서 충격이 가해지면 위험하거든. 그래서 4교시 시험 끝나기 한 3, 4분 전에 H가 미리 일어나서 나오면 안 될까?"

"괜찮아요." 하며 아이들은 씩 웃는다. 휴.

우리 반 아이들과도 미리 얘기를 해서 시험 시작할 땐 내가 H를 데려다 주고, 끝날 땐 H만 먼저 나오고 H의 가방은 우리 반 아이들이 챙겨 내려오기로 했다. 아이들도 흔쾌히 그러겠다고 했다. H의 교실 이동과 시험을 위해 다른 교사들에게도 미리 양해를 구했다.

선생님들께

2학년 2반 담임 교사 김현진입니다.

내일부터 시작되는 기말고사와 관련해서 저희 반 00번 H 학생에 대한 양해를 구하고자 메시지 드립니다. H가 기말고사 기간에 3학년 ○반으로 이동해서 시험을 보는데, 선천적 질병으로 지난 4월 큰 수술을 받고 회복 중에 있습니다. 사실 지금 오래 앉아 있기가 버거운 상황인데 워낙 씩씩 하고 성실해서 다행히 기말고사를 치를 수 있게 됐습니다. 혹시 시험을 보는 중에 H가 앉아 있기 힘들어서 살짝 움직일 경우 절대 부정행위를 하는 게 아니니 오해하지 말아 주셨으면 합니다. 감독하실 때 H에게 한 번 더 눈길 주셔서 H가 기말고사를 그저 잘 치를 수 있게 도와주시면 감사하겠습니다. 어려운 부탁드려 송구스럽습니다.

즐거운 시험 기간 보내시길 바랍니다.

당장 H가 가서 시험을 보는 학급의 담임 교사가 연락을 했다. 자신이 무엇을 하면 되겠냐고. 그래서 H가 좀 일찍 갈 텐데 가서 앉을 의자만 준비해 달라 했다. 바로 준비 완료. 다른 교사들도 알겠다고, 미리 얘기해 줘서 고맙다는 답장을 보낸다. 특수학습 선생님도 오셔서 고맙다고 하신다.

"뭐가요? H는 제가 담임하는 아이인데요."

그렇게 H는 학생들과 교사들의 지원으로 시험을 무사히 마쳤다.

누구나 알고 있는 사실이지만 배움은 가끔씩 뜻하지 않은 곳에서 일어난다. 놀라운 것은 내가 아이들이나 다른 교사들과 무엇을 '함께' 하고자 하는 마음이 있다면 그 뜻하지 않은 배움의 횟수는 더 많아진다는 것이다.

인권은 책으로, 지식으로 배울 수 있지만 더 효과적인 것은 내가 살고 있는 사회에서 나도 모르는 사이에 인권 친화적 문화에 노출되는 것이다. 우리 반 H는 친구들과 교사들에게 배려를 받은 것이 아니라 자신의 존재 자체를 인정받은 것이다. 계단을 내려오는 것이 힘들고 의자에 앉아 있는 것이 쉽지 않은 H의 존재를 학교 구성원들이 인정하고 그에 맞는 환경으로 바꾸어 주었다.

만약 H를 업어주거나 다른 방법으로 3학년 교실로 이동시켜 주었다면 그건 배려다. 그러나 인권은 배려가 아니다. 타인의 존재 자체를 인정하는 것에서 시작해서 그 사람의 조건이 어떠하든 다른 사람과 동등하게 의사소통할 수 있게 환경을 만들어 주는 것, 그게 인권 보장의 기본이다. 이러한 측면에서 개인이 최소한의 생활을 할 수 있도록 해 주는 국가의 여러 가지 정책들은 매우 중요하다. 왜냐하면 최소한의 생활, 즉 기본적인 의식주가 해결돼야 자신이 가진 조건과 관계없이 타인과 동등하게 의사소통을 할 수 있기 때문이다.

경직되고 딱딱하다고 소문난 학교라는 곳이 사실은 그렇지 않을 수 있다. 학생들과 동료 교사들을 믿고 몸을 맡겼을 뿐인데 놀라운 경험을 하게 된다. 조금씩 조금씩 흔들면 학교가 얼마나 더 행복해질까 기대를 가져본다.

불편한 이야기

　　　　　요 며칠 '생리대'가 실시간 검색어에 올랐
다. 무슨 일인가 하고 찾아보니, 생리대 가격이 비싸 구입을 하지 못
해 어려움을 겪는 여학생들이 있다는 소설 같은 기사 때문이었다.
생리대 살 돈이 없어서 신발 깔창을 이용하고, 화장지로 해결하고,
그마저 어려우면 학교에 나오지 못하고 집에서 수건으로 해결한다
는 내용이었다. 생리대를 살 돈이 없어 인간의 존엄을 훼손당하는
사람들이 있다니…….

　나는 교직 경력 11년 차 정도 됐을 때부터 교실에 비상용 생리대
를 비치해 두었다. 여자 중학교뿐만 아니라 남녀공학 학급에서도 교
탁 안의 바구니에 생리대를 비치했다. 비상 상황에 처한 여학생들을

위해서였다.

남녀공학 중학교에 근무하던 어느 날, 동료 선생님께서 그걸 꼭 교실에 둬야 하냐고 볼멘 소리로 내게 물었다. 나는 "불편하세요?"라고 되물었다. 돌아온 답변은 "남학생들도 있는데 그걸 굳이 교실에 두는 이유가 궁금하다."였다.

나는 천천히 왜 그걸 굳이 교실에 두는지를 설명했다. 남학생도 연애를 하고 사랑을 하고 결혼을 하거나 사회생활을 하면서 여성들과 어울려 살아가야 한다. 그러니 여성에게 한 달에 한 번 찾아오는 월경이라는 자연스러운 신체 변화를 아는 것이 당연한 것 아니냐. 그리고 사랑하는 사람이 한 달에 한 번 통증으로 힘들 때 그 아픔에 공감하는 세련된 남성으로 성장하면 얼마나 좋겠냐며 조심스럽게 말했다. 아들만 둘인 선생님이 이해하기엔 좀 의아하겠지만 다가올 미래에 선생님의 며느리가 혹은 손녀가 겪을 수도 있는 일이 아니냐고도 했다.

이후 내가 담임을 하고 있는 학급의 남학생들은 자연스럽게 생리대가 비치된 교실에 적응했고, 여학생들도 생리대를 꺼낼 때 부끄러워하거나 혹은 남학생들이 보지 않을 때 꺼내는 어색함에서 벗어났다.

시대가 바뀌어서 이젠 생리대를 살 때 누가 볼까 주변을 살피거나 굳이 검은 비닐봉지에 넣지 않아도 된다. 또 한 달에 한 번 월경이 찾아오면 남학생들이 알지 못하게 월경통을 참지 않아도 되고, 일반

진통제가 아니라 월경통 전용약도 나오는 세상이 되었다. 하지만 아직도 개인의 신체에 대한 존엄성과 그것을 최소한으로라도 존중해 줄 수 있는 사회적 장치는 멀게만 느껴진다.

기사에 나온 것처럼 보건실 생리대만 사용하거나 교실에 비치해 둔 비상용 생리대만 사용하는 학생들도 물론 있다. 하지만 경제적으로 어렵기 때문에 생리대를 넉넉하게 구입하지 못하는 학생도 물론 있을 것이다.

문제는 생리대가 생활필수품임에도 불구하고 지나치게 고가라는 것이다. 이에 대해서 정책적인 면에서 생각해 볼 일이다. 여성에게 생리대는 사치품이 아니고 당연히 필요한 것인데 모두 개인의 책임과 경제력에 맡기는 게 맞는지 의문이 생긴다. 생리대 가격을 합리적으로 조절하도록 국가에서 개입해야 하지 않을까.

생리대 대신 신발 깔창이나 화장지를 쓰는 일을 직접 겪는 아이들은 이미 존엄성이 무너져 있을 가능성이 크다. 몸의 가장 소중한 변화를 저렇게 비참하게 마주하는 아이들의 마음이 오죽할까. 생리대를 생활필수품으로 취급하는 상식이 통하는 분위기가 만들어진다면, 한 달에 한 번 찾아오는 여성의 몸의 변화가 생명의 근원이고 고향임을 자연스럽게 알게 될 것 같다.

교권 침해라는 단어의 함정

초등학생들이 교사를 폭행하는 사례가 늘고 있다는 기사가 학교를 뒤숭숭하게 하고 있다. 국회 교육위원회 소속 더불어민주당 박찬대 의원이 교육부로부터 제출받은 '최근 5년간 교권 침해 현황'을 바탕으로 쓴 기사이다. 기사에는 초등학교 5학년 남학생이 수업 시간에 조용히 하라고 지적한 선생님의 얼굴을 주먹으로 마구 가격한 사건이 소개되어 충격을 주었다. 하지만 기사의 제목으로 '초등생 교권 침해, 5년간 3배'보다 '(분노 조절이 불가능한) 초등생(에 의한) 교사 폭행, 5년간 3배'가 더 적절해 보인다.

교권을 '교사의 권위'로 생각하는 사람들이 많다. 교권이라는 단어는 하나이지만 교권이라는 말이 담고 있는 의미는 여러 가지이다.

그것이 학습권 보장을 위해 국가가 교사에게 부여한 교권인지, 시민으로서의 교사의 인권인지를 구분하지 않고 뒤섞어 쓰면 오히려 교권에 대한 논의가 흐려지고 만다.

앞의 기사에서도 교권을 교사의 권위라는 의미로 이해하면 교사를 폭행한 초등학생은 부모를 때린 패륜아처럼 된다. 그러다 보면 사건은 한 개인의 일탈로 결론이 나고, 현실에 대해 원인과 결과를 분석하고 앞으로 어떻게 할 것인지 논의하는 방향으로 나가지 못한다. 이 문제는 제도를 보완해서 해결할 수 있는데도 우리는 분노했다 금방 잊는 일을 되풀이하고 있다.

이 기사를 읽다가 10년 전 한 학생과의 어두운 기억이 떠올랐다. 당시 나는 여자 중학교에 근무하고 있었다. 어느 날 옆 반에 전학생 한 명이 왔다. 전학 오는 학생의 표정이 마냥 밝을 리야 없지만 그 학생의 표정은 유난히 어두웠다. 입성도 좋지 않고, 얼굴에도 상처가 군데군데 있었다. 게다가 전학 오던 날 부모님이 아니라 고등학교를 다니다 그만두었다는 오빠와 보호자 역할을 한다는 어떤 여성과 함께 와서 더 의아했다.

나는 이 친구가 속한 학급의 국어 수업을 하고 있었다. 전학을 왔으니 앞에 나와서 이름도 얘기하고 자기소개도 하라 했는데 대뜸 "아, ××. 귀찮은데."라는 것이 아닌가. 순간 3초간의 침묵.

"그래? 그럼 다음에 맘 내키면 소개할까?"

"아, ××."

나는 더 이상 말을 하지 않고 수업을 진행했다. 그 후 담임 교사에게 이 일을 알리며 이 친구를 함께 지켜보자고 했다. 전학생 K는 친구들과는 잘 어울리는 것 같았지만, 교묘하게 수업을 방해했다.

그러던 어느 날, 늘 하던 대로 수업을 방해하던 이 친구와 크게 한번 부딪쳤다. 수업이 거의 끝날 무렵이어서 교무실로 데리고 내려가는데, 뒤따라오던 K는 계속 온갖 육두문자를 썼다. 나는 꾹 참고 교무실로 갔다.

"K야, 선생님은 더 이상 네가 수업을 방해하는 것을 참을 수가 없어. 그래서 한 가지 방법을 생각했는데, 선생님은 이제 너희 반에서 하는 모든 수업을 녹음하려고 해. 물론 네가 동의하지 않아도 도청이 아니기 때문에 큰 문제는 없어."

말이 끝나기 무섭게 K는 옆에 있는 의자를 들어 나에게 던졌다. 다행히 나는 의자를 피했지만, 이성을 잃은 K는 교무실에서 난동을 부렸다. 재빨리 뛰어온 서너 명의 남자 교사들도 제지하기 어려울 만큼 K는 괴력을 내뿜었다. 그 광경을 보던 나는 순간 정신을 잃었고 깨어 보니 보건실이었다.

이후 K가 전학을 오게 된 이유를 듣고 참 서글펐다. K는 다른 지역에서 아버지와 살았는데, 어릴 때부터 아버지의 폭력에 노출이 되어 있었다고 한다. 엄마는 이미 아버지의 폭력을 피해 먼저 도망쳐 이지역에 숨어서 살고 있었다. K의 아버지가 술을 마시고 중3이나 된 딸을 홀딱 벗겨 두들겨 패고 있던 걸 이웃이 파출소에 신고해 아버지가 구속됐다고 한다. 그렇게 K는 거의 도망치다시피 전학을 오게 된 것이다.

나는 실제로 K네 반의 수업을 할 때 모두 녹음을 했다. 그런데 K가 엄마에게 국어 선생님이 자기만 미워해서 자기네 반 수업을 녹음한다고 이야기했고, 엄마는 K의 담임 교사에게 항의 전화를 했다고 한다. 왜 우리 애만 미워하냐고 말이다. 그 일로 나는 심한 정서적 불안에 시달렸고 그 반 수업을 할 때 참 힘겨웠다. K가 졸업하고도 한참의 시간이 흐른 후에야 희미하게 잊을 수 있었다.

학교의 존재 이유는 좋은 교육을 하기 위해서다. 그래서 좋은 건물을 짓고, 우수한 교사를 양성해서 아이들을 가르치게 한다. 그런데 어느 순간부터 학교에는 몸과 마음이 멍든 아이들이 많아졌다. 그것이 자의건 타의건 간에 말이다.

그런데 솔직히 말하면 K처럼 이미 가정에서부터 어찌할 수 없는 아이들은 학교에서도 어쩔 수 없다. Wee 센터, Wee 클래스에 아무리 우수한 상담사가 있어도 K 같은 아이들은 그 순간만 좋아질 뿐 대부분 제자리로 돌아간다. 그것은 마치 이미 흙이 썩어가는 화분에 좋은 씨앗을 심고, 값비싼 퇴비를 주면서 식물이 잘 자라기를 바라는 것과 같다. 학교 교육의 효과는 양질의 양육을 받은 아이에게 더 빛을 발하는데, 이는 학습을 위한 기본 조건이 정서적 안정감이기 때문이다.

다시 기사로 돌아가 보자. 아마도 교사의 얼굴을 주먹으로 가격한 기사 속의 아이가 어떤 삶을 살았는지 교사라면 대부분 짐작할 것이다. 저 친구는 저 학교, 저 선생님이 아니었어도 언젠가, 어디선가 저런 일을 저지를 가능성이 높다.

학교가 이런 아이들을 모두 끌어안을 수 있을까? 아니, 끌어안아야 할까? 나는 조심스럽게 반대한다. 학교에서는 저 아이에게 더 이상 해 줄 수 있는 것이 없다. 왜냐하면 학교는 좋은 교육을 해야 하는 곳이기 때문이다. 저 아이는 교권을 침해한 것이 아니라 교사를 폭행한 것이다. 폭행이 어떤 법에 의하여 처벌받는지 다 안다. 학교 혼자서는 저 아이를 어찌할 수 없다. 이게 현실이다.

인권을 이야기하면서 교사를 때린 학생을 폭행죄로 다스리자는 것에 의문을 표한다면, 오히려 인권을 이야기하기에 교육적 측면에서 그렇게 말한다고 하겠다. 인권을 교육한다는 것은 가해를 참는 것이 아니라 타자의 자기결정권을 무시하고 타자의 신체에 폭력을 휘두르면 안 된다는 것을 알려 주는 것이다.

학생들에게 인권교육을 한다는 것은 '학교에서 학생들의 인권을 침해한 선생님이 있으면 얘기해 봐'라며 신고를 받는 것이 아니다. 학생이어서가 아니라 학생이기 이전에 시민인 개인이기에 인권을 침해당하면 안 되고, 그럴 때는 국가가 너희를 보호해 준다는 것을 알게 해 주는 것이다.

학교폭력 업무를 담당하게 되면서 K의 일이 자꾸 떠올랐다. 혹시 2018년의 또 다른 K가 어느 학교, 어느 선생님에게 모멸감을 주고 있지는 않을까 해서 말이다. K를 돌보는 것도 중요하지만, K와 함께 해야 하는 교사를 지원하고 교사의 힘이 되어 주는 것, 그게 교사에서 장학사로 전직하면서 한 다짐이다.

체벌은 교육적일까?

체벌: 몸에 고통을 주어 벌함. 또는 그런 벌.(민중 엣센스 국어사전)

체벌의 정의는 위와 같다. 단순히 회초리로 매(사람이나 짐승을 때리는 곤장, 막대기, 몽둥이 회초리 따위의 총칭, 또는 그것으로 때리는 일)를 드는 수준을 넘어 타인의 신체에 고통을 가하는 행위는 모두 체벌이다. 그러나 우리는 체벌의 의미를 사전적 정의보다 좀 약한 의미로 공유하고 있는 듯하다. '체벌 금지'라는 말을 들으면 단순히 잘못한 학생에게 매를 드는 것은 안 된다 정도로 생각하기 때문이다.

우리나라에서 체벌 금지를 이야기하기 시작한 지는 생각보다 오래되었다. 학교 체벌 폐지에 대한 논의와 조치는 1966년 5월에 서울

시내 국·공·사립학교의 교장단이 결의한 행동강령 중에 '일체의 체벌 금지'가 하나의 항목으로 포함되었던 사례가 있고, 1979년에는 문교부에서 생활지도지침을 통하여 각 학교 내의 체벌·폭언·기타 단체기합을 금하기도 했다.

1990년대 후반에는 정부에서 주도한 교육개혁의 일환으로 교내 체벌이 금지되었다. 이후 체벌은 교육과학기술부에서 2011년 3월에 개정된 초중등교육법 시행령에 '도구·신체 등을 이용해 학생에 고통을 주는 방법'에 의한 처벌을 금하면서 학칙에 의한 '간접 체벌'은 허용했다(체벌을 간접 체벌과 직접 체벌로 구분하는 기준이 타당한지에 대해서는 의문이 생긴다). 현재는 서울특별시, 강원도, 경기도, 전라북도, 전라남도, 광주광역시에서 조례로 모든 체벌이 금지되어 있다.

자료를 검색하다 한 가지 재미있는 기사를 보았다. 2010년 12월 27일자 조선일보 기사인데 제목이 '교사 89%, 체벌 금지 후 교실 붕괴, 교권 추락'이다. 한국교원단체총연합회가 서울지역 교사들을 대상으로 설문조사를 했는데, 체벌 금지 조치 이후 교사들이 학생 지도에 어려움을 겪고 있으며 심지어 교권이 추락한다는 의견이 있다는 기사이다.

이 기사대로라면 교사의 교권은 체벌로 지켜졌다는 해석도 가능하다. 체벌 금지 조항이 생긴 후 졸거나 떠드는 학생이 있어도 소극적으로 지도하게 되었다는 설문 응답을 어떻게 이해해야 할까? 지금까지 교사들은 학생 훈육이나 지도의 방법으로 체벌만 사용했다는 의미인가? 만약 그렇다면 조금 슬프지 않은가. 내가 갖고 있던 교권이 학생에게 매를 드는 것으로 유지되었다니. 이건 슬픔을 넘어 심각한 왜곡이다.

그 어떤 타인도 자신에게 매를 드는 사람에게 권위를 부여하지 않는다. 그것이 교사와 학생의 관계라 하더라도 말이다. 매를 맞고 변화한 학생이 있다면 그것은 교사인 우리의 착각이다. 매를 맞은 학생은 그 순간을 회피하기 위한 임기응변을 발휘했을 뿐 매를 맞고 변화한 것이 아니다. 그저 눈앞의 상황이 체벌에 의해 가려지는 것뿐이다.

그렇다면 체벌은 왜 반인권적일까? 반복해서 하는 이야기지만, 체벌은 개인이 갖고 있는 중요한 권리 중 신체를 훼손당하지 않을 권리를 심각하게 훼손하기 때문이다. 자기 몸에 대한 결정권은 그 개인 고유의 권한인데 우리는 그동안 교육이라는 이름 아래 학생이 갖고 있는 신체에 대한 자기결정권을 억압하고 훼손해 왔다. 심지어 '사랑의 매'라는 형용모순의 말로 체벌을 사랑으로 둔갑시키기도 했다.

선생님들, 생각해 보시라. 당신에게 매를 맞고 그에 감화받아 학생들이 훌륭하게 성장한다면 우리는 수업을 할 이유도 학생들과 관계를 맺을 이유도 없다. 3월에 본보기가 되게 몇 놈 잡아 교실을 차가운 겨울로 만들면 된다. 새로운 환경에 적응하느라 잔뜩 움츠린 학생들이 더 움츠러들도록 교사는 그저 매만 들면 된다. 하지만 교육은 그런 것이 아니지 않은가?

교사의 교육활동이 타당한가 아닌가에 대한 기준은 '교육적인가, 아닌가?'라는 질문이어야 한다고 생각한다. 금지할지 말지에 대한 결정은 그것이 이미 교육적이라고 합의되었을 때에나 할 수 있다. 그러나 체벌은 처음부터 틀렸다. 전혀 교육적이지 않은 행위를 학교에서 하면서 그것을 금지할 것인가 말 것인가를 논하니 말이다. 우리는 교사 아닌가?

솔직히 고백하자면 나는 예전에 엄청난 체벌력을 자랑하던 교사였다. 당구장에서 쓰는 막대기도 사용했고, 심지어 남자 중학교에 근무할 때는 청소용 마포 자루도 자주 사용했다. 그렇게 매를 들면 학생들이 나를 무서워했고, 내 수업 시간에 그 누구도 떠들지 않았다.

그러던 어느 해, 전교에서 가장 '꾸러기' 학생을 담임하게 되었다. 그 녀석은 아주 지능적인 방법으로 약한 아이들을 괴롭히는 학생이었다. 그 어떤 교사도 그 꾸러기를 지도할 수 없었다. 상상 이상의 반항을 하기 때문이었다. 내가 그 꾸러기의 담임 교사가 되자 선생님들은 '임자 제대로 만났다'며 곧 학교가 평화로워질 것이라고 얘기했다.

꾸러기는 3월도 가기 전에 대형 사고를 쳤고, 나는 꾸러기의 허벅지를 청소용 마포 자루로 엄청나게 때리고 집에 보냈다. 다음날, 꾸러기를 다시 불러 얘기를 하는데 이 녀석이 서 있는 자세가 영 어색했다.

"너, 지금도 선생님한테 혼나는데 제대로 안 서 있어?"

"……."

그래도 어색한 자세는 계속되었다. 아무래도 이상해서 남자 선생님께 부탁을 해서 녀석의 몸을 좀 확인해 달라고 했다. 잠시 후 그 선생님이 기겁을 하고 오셨다.

"아휴, 보고 깜짝 놀랐어요. 엉덩이 아래가 시커멓게 죽었어."

"네?" 나는 꾸러기를 불렀다.

"너, 거기 왜 그래?"

"……."

한참 뜸을 들인 후 꾸러기는 더듬더듬 이야기를 했다. 학교에서 혼난 일을 전해 들은 꾸러기의 아버지가 내가 매를 든 곳을 또 때린 것이다. 순간, 나는 눈앞이 하얘지고 심장이 벌렁거렸다.

"미안해." 하며 꾸러기를 꽉 끌어안는데, 이 녀석 몸이 돌처럼 굳는다. 나는 지금도 그 기억이 온몸에 남아 있다. 그날 나는 체벌 도구를 다 갖다 버렸다. 그 후 1년은 교사로서 나는 어떻게 살 것인가 고민하는 시간이었다. 그때 알게 된 것이 바로 인권이다. 정말 부끄러운 고백이다.

학교는 교육을 하는 곳이다. 이 대전제 하나만 분명하게 기억하자. 체벌은 금지 여부를 논할 것이 아니라 교육적인가, 반교육적인가부터 고민해야 한다. 우리는 교육을 하는 교사이기 때문이다.

설을 맞아 인천에서 중학교를 다니는 조카를 만났다. 여느 여중생처럼 이 녀석도 어찌나 조잘조잘 말을 많이 하는지, 학교에서 있었던 별의별 얘길 다한다. 이모도 엄마도 중등교사여서 자신이 다니는 학교에서 일어났던 일 중에 이해하기 어려운 일을 가끔 질문한다.

"이모, 우리 학교에 좀 이상한 게 있어요."

"뭔데?"

"아니, 우리 반 수업 시간에 한 명이 잘못하잖아요? 그럼 반 점수를 깎아요."

"엥? 그게 무슨 말이야?"

"그러니까 수업 시간에 누구 한 명이 자거나 심하게 떠들거나 어떤 애가 화장을 좀 진하게 하고 오면 그 시간이 끝날 때 담당 선생님이 반 점수를 깎는다고요."

여기까지 설명을 들어도 나는 이해하기 어려웠다. 그래서 여동생에게 물었다. 여동생은 경기도에 근무하고 있다.

"아, 언니 그거 수업태도 점검표라는 거야."

"그게 뭐야?"

"아, 학급마다 점검표를 만들어서 담당 교사가 점수를 줘. 5점이 만점인데 떠들거나 졸거나 한 학생이 있으면 감점을 해. 문제는 감점하는 기준이 교사마다 다 다르다는 거야. 그러니 학생들이 불만이 많지."

"그 점수를 어디에 써?"

"학년부에서 월별로 취합해서 점수가 높은 학급에는 학기말에 상도 주고 상금도 줘."

도대체 무슨 말인지 모르겠다.

"아니, 그러니까 그게 뭐 하는 것인지 이해하기 어려워서 그래."

"수업 시간이나 학급을 통제하는 수단이지 뭐. 나도 그 점수 매기는 게 너무 이상해서 몇 년 전에 중학교에서 학년부장을 맡게 되었을 때 없애자고 그렇게 주장했지만 안 받아들여졌어. 수업 시간이 힘든 선생님들이 그걸 포기 못 하더라고."

아, 이게 뭐지? 그 점수를 모아서 상금도 준다고? 1등 7만 원, 2등

5만 원. 조카가 다니는 학교는 어찌하냐고 물으니 그 점수대로 급식 시간에 학급별 줄 서는 순서를 매긴다고 한다. 심지어 조카가 다니는 학교 어떤 선생님은 자기 반이 한 시간이라도 감점이 된 것이 있으면 감점된 시간만큼 하교를 늦게 시킨단다.

주로 중학교에서 시행하고 있으며 대부분의 교사가 수업태도 점검표 덕에 수업 시간을 효율적으로 '관리'할 수 있다고 여긴단다. 심지어 어떤 선생님은 감점을 하고 옆에 누구 때문에 감점을 했는지 이름을 적어둔다고도 했다. '이 학생이 내 수업 시간을 방해했으니 담임 교사가 지도해 달라'는 친절한 멘트와 함께 말이다. 절망스러웠다.

동생과 나는 한참 동안 도대체 왜 저런 일들이 벌어지는지 얘기를 나눴다. 수업태도 점검표가 왜 교육적이지 않은지에 대하여 이야기를 나누고 얻은 결론은, 학교 구성원들 간의 관계가 돈독해지도록 애써야 할 교사들이 오히려 그 관계를 깨트리기 때문이라는 것이었다.

화장을 짙게 하고 오는 아이가 하루만 그렇게 하고 올 리가 없다. 그 아이는 늘 학급 감점의 요인일 것이고 처음에는 반 친구들에게 미안해하겠지만, 어느 순간을 넘어서면 미안해하는 마음의 근육이 무뎌질 수밖에 없다. 계속 덧칠될 테니 말이다. 그리고 반 친구들에게 그 아이는 학습의 분위기를 망가트린 나쁜 학생이 된다.

진한 화장을 하는 학생이 불편하다면 그 학생을 불러서 이야기를 나눌 일이지 그 아이가 속한 학급 전체를 폄훼할 일은 아니다. 게다가 점수로 급식 시간에 줄 서는 순서를 정한다고? 이게 정말 교육적인 학생 지도 방법이라고 생각하는 것일까?

개인은 전체가 아니고, 전체는 개인일 수 없다. 이 두 가지는 자칫하면 전체주의가 될 수 있기에 매우 위험하다. 우리가 흔히 혼동하는 것이 '전체성'과 '공동체성'이다. 전체성은 모두가 하나라고 여기는 것이고, 공동체성은 같이 하는 집단이 갖는 공통된 성질이다. 즉 학급에 30명의 학생이 있다면 그들은 모두 각각의 전체이다. 그런데 그 전체들을 하나로 몰아가는 순간, 교육은 그저 규제하는 수단으로 전락하고 만다. 20~30여 년 전 우리는 그러한 학교에 다니지 않았었는가?

교육의 목적은 무엇일까? 교육은 개인의 고유성을 드러나게 하는 수단이 되어야 한다. 학교라는 공동체 안에서 같이 어울려 살아가는 법을 배우는 것도 중요하지만, 학교가 학생 개인의 고유성보다 추상적 개념인 학교의 전체성을 우선시하는 것은 위험하다. 그 예가 바로 교외 대회에서 상을 받은 재능이 뛰어난 학생을 모든 학생들 앞에 세워 상을 주면서 '학교의 명예를 빛냈다'고 하던 예전의 우리 학교 문화이다.

교육을 통해 '계층 사다리'를 없애자는 말도 나는 불편하다. '계층 사다리'는 없앨 수 없다. 계층은 인류가 존재하는 한 사라질 리 없다. 다만 어느 계층이건 그 계층에 속한다는 이유로 개인의 존엄성이 파괴당하는 일은 막아야 한다.

우리가 훈육이라는 이름으로 학교에서 실천하고 있는 활동들이 교육적인지에 대한 고민을 한순간이라도 놓친다면 학교는 제자리에 멈춰 있을 것이다. 훈육은 통제가 아니다. 훈육은 가르치고 키우는 것이다. 통제는 교사인 내 눈앞의 혼란을 잠시 가리거나 잠깐 멈추는 것일 뿐 교육이 아니다. 학교는 교육을 하는 곳이고, 교육을 하는 곳이어야 한다. 그게 학교 존재의 이유다.

다른 지역은 어떠한지 모르겠지만, 농산어
촌 고교는 기숙사를 운영하고 있는 곳이 많다. 운영비는 지자체에서
지원하는 경우가 대부분인데, 지역의 인재를 키운다는 이유로 꽤 많
은 예산이 지원된다. 학생 수가 적은 학교의 경우는 오히려 돈을 쓰
느라 애를 먹는다는 소리도 들려온다.

기숙사는 집에서 먼 곳에 있는 학교에 다닐 때 자녀를 안심하고
맡길 수 있는 시설이다. 그런데 농산어촌 학교 기숙사는 이런 목적
과 다소 동떨어지게 운영되는 경우가 많다. 성적이 우수한 학생들을
더 효율적으로 관리한다는 명목으로 말이다. 심지어 학교 바로 앞에
집이 있는 학생도 시간을 아껴서 공부를 한다면서 기숙사에 지내는

경우도 봤다. 기숙사 수용 규모가 학생 수에 비해 여유가 있어서 대부분의 학생이 기숙사에 입사할 수 있다. 그래서 학생들에게 기숙사 입사를 무리하게 권유하기도 한다.

몇 년 전 강원도의 어느 지방자치단체에서 지역인재를 육성한다는 명목으로 지역의 고등학교 한 곳을 선정하여 기숙사를 지어줬다. T학교에 기숙사가 지어졌지만 그 지역 다른 고등학교의 소위 1% 이내 학생들도 T학교 기숙사에 입사할 수 있게 했다. 즉 T학교가 아닌 다른 학교 학생도 멀리 떨어진 남의 학교 기숙사에서 통학을 했다. 그리고 이 기숙사에 저녁마다 소위 말하는 서울의 명강사를 불러 야간수업을 실시했다. 밤 11시까지.

이렇게 해서 그 학생들은 '하늘대학(SKY)'에 가기도 한다. 지역인재 육성에 나름 성공한 것이다. 과연 그럴까? 내 생각엔 오히려 '지역인재 유출'에 가깝다고 본다. 그렇게 공부시켜서 '하늘대학'에 간 아이들은 농촌인 자기 고향으로 돌아오지 않는다. 아, 나이 들어서 의원 선거에 출마할 때나 '끼어' 내려오는 경우가 있기는 하다.

이런 경우도 있다. 몇 년 전에 근무한 학교와 함께 있던 병설 고등학교에는 대중교통으로는 도저히 통학이 불가능한 지역에 사는 아이들이 있었다. 아이들은 그럭저럭 버스를 타거나 부모님이 통학을 책임졌다. 그런데 매일 자녀를 통학시킨다는 것이 만만치 않은 일이다. 그래서 면 단위로 통학버스를 운행하도록 학교에 예산을 지원해주었다.

문제는 이 통학버스는 야간학습에 참여해야 이용할 수 있다는 것. 야간학습에 참여하지 않고 정규 수업에만 참여하는 학생들은 시내 버스를 이용해야 했는데, 버스 시간이 하교 시간과 맞지 않으니 어정쩡하게 시간을 때우다 귀가할 수밖에 없었다.

도시와 농촌 지역 학생들의 성적 차이는 분명히 존재한다. 이것은 학생이 원래 가진 능력의 문제를 떠나, 농촌 지역은 현실적인 공부의 조건이 도시보다 열악하기 때문이다. 공부는 학교 수업만을 의미하는 것이 아니라, 학생들이 사회문화적 자본을 얼마나 자주 접할 수 있는가도 포함된다. 그러나 농산어촌 지역은 도서관, 영화관, 카페 등등 학교 밖으로 시야를 확장할 수 있는 환경이 턱없이 부족하다. 나는 이런 문제가 근본적으로 해결되지 않는 한 도농 지역 학생들 간의 '성적 격차'는 줄어들지 않을 것이라고 생각한다.

학생들이 단지 학교 공부만으로 지식을 습득할 수 있다고 단정할 수 있나? 그것은 지나치게 고전적인 지식의 개념에 머물러 있는 것이 아닐까? 정말로 그렇다면 학기 중이고 방학이고 내내 학교에 붙들려 있는 시간이 더 많은 농산어촌 지역 아이들의 수능 점수가 더 높게 나와야한다. 하지만 농산어촌 아이들이 아무리 높은 등급의 내신 성적으로 수시모집에 지원해도 수능 최저등급에 도달하지 못해서 불합격하는 경우가 많다. 이것만 봐도 결국 학습량의 문제가 아님을 알 수 있다.

대학 입시를 놓고 봤을 때 수능 점수만으로 지원하건 학생부 종합전형으로 지원하건 두 가지 모두 농산어촌 학생에게 유리하지 않다. 그래서 농산어촌 학교를 육성한다는 명목으로 기숙사를 운영하는데, 여기서 '육성'의 의미가 교과 성적을 높이는 데에 방점이 있다. 성적을 올려 좋은 대학에 간다는 명분으로 집을 코앞에 두고 학교 기숙사를 이용하는 것이, 글쎄 건강한 방법인지는 잘 모르겠다.

아, 얘기가 너무 멀리 갔다. 기숙사 얘기를 하는 까닭은 최근 고교에서 운영하는 기숙사 내부에 대한 흥미로운 기사를 접했기 때문이다. '교실서 남녀 둘만 얘기 땐 진술서…… 1년에 세 번 손잡다 걸리면 퇴학'이라는 2015년 11월 7일자 중앙일보 기사다.

'중앙일보 TONG이 전국의 남녀공학 기숙사 고교 151곳의 학칙을 각 학교 홈페이지에서 내려 받아 검토한 결과 122개교(80.8%)가 이성교제 관련 제재 조항을 두고 있었다. 최고 징계가 퇴학인 학교는 28개(18.5%)였다.'

이 내용을 보면 남녀공학 고교의 기숙사는 기본적인 욕망을 통제하고 있다고 해도 과언은 아니다. '이성교제 관련 제재 조항'이란 내용은 이미 개인의 사생활을 통제한다는 측면에서 인권 침해적인 요소를 포함하고 있다. 그 개인이 청소년이라고 해도 말이다. 그러고 보면 우리 사회에서 청소년의 이성교제에 대한 통제는 지나치다 싶다.

성숙한 남녀가 한 공간에 있는 것을 꺼리던 우리의 오래된 습속 때문일까? 남녀 청소년이 함께 있는 장면을 유쾌하게 바라보는 어른은 없다. 아이들이 어릴 때부터 많이 듣는 말 중 하나인 '친구랑 사이좋게 지내'라는 말은 시간이 흐를수록 '같은 성별의 친구하고만 친하게 지내'의 의미로 제한된다.

문제는 개인인 청소년이 타인과 관계를 맺고자 하는 욕망의 실현에 있어서 이미 부모와 사회의 통제를 받는다는 것이다. 더구나 '너의 미래를 위해 지금은 열심히 공부해야 하잖아?'라고 하며 어쩌면 가장 보장되어야 할 사적 공간인 기숙사 생활에서까지 사생활을 침해당하는 것이 현실이다.

왜 기숙학교에 남녀 학생을 같이 기거하게 해 놓고 욕망의 발산을 '벌점'으로 억압하는가? 처음부터 사람을 나쁜 시스템에 집어넣고 나쁜 짓을 하면 벌을 주겠다는 것 아닌가? 앞뒤가 맞지 않는다.

우리는 욕망을 건강하게 실현시키는 방법을 배우기 어려운 사회에 살고 있다. 욕망이라는 단어가 이미 부정적인 사회적 의미를 함의하고 있기 때문이다. 방송에 나와 시원하고 지설적으로 말하는 여성 진행자를 '욕망 아줌마'라고 호칭하는 것을 보아도 그렇다.

인간에 대한 사랑, 타당하지 않은 강자의 권력을 풍자하는 표현의 자유, 부당한 것에 얘기할 수 있는 용기, 곤란에 처한 사람을 봤을 때 함께하고자 하는 마음의 꿈틀거림, 이런 것들이야말로 청소년기부터 배워야 할 건강한 욕망이 아닌가? 욕망은 통제와 금지의 대상이 아니라 건강하게 실현시켜야 하는 것이다. 뿐만 아니라 철저하게 개인적인 것이다. 좋은 사회는 강요받은 품성을 내 옷이 아닌 것처럼 입고 있는 개인들에 의해 이루어지지 않는다. 스스로 자기를 일으켜 세우는 건강한 개인들에 의해 이루어지는 것이다.

혹 미래의 행복을 위해 현재의 욕망을 잠시 일시정지시켜야 하는 상황이 생긴다 하더라도 그것은 스스로 선택한 것이어야지, 타인이 강제한 것이면 곤란하다. 삶에 대한 결정권은 개인에게 있기 때문이다.

추억 하나를 덧붙이자면, 1994년 고3 때 30년 만의 무더위가 찾아왔다. 그해의 더위는 정말 살인적이었다. 당시 교복 치마의 안감은 100% 나일론 천이라 앉아 있으면 땀띠가 날 정도였다. 그래서 여름방학 보충수업을 받을 때만이라도 하의는 체육복 반바지를 입게 해달라고 건의하러 교장실에 찾아갔다.

처음부터 교장실로 간 것은 아니었다. 당시 학생회장이었던 나는 우선 3학년 담임 선생님들께 건의를 했다. 물론 거절당했다. 교복을 제대로 입고 있어야 학교의 명예가 떨어지지 않는다는 이유로 말이다. 긴급하게 학생회 임원 회의를 열었고 우리는 교장 선생님께 직접 찾아가자는 결론을 냈다. 어렵게 교장 선생님과의 면담이 성사되었다. 그 자리에서 나를 비롯한 학생회 임원들은 자신의 의견을 돌아가면서 피력했고, '체육복 반바지 입기의 건'은 받아들여졌다.

자유(自由), 나에게 필요한 것을 나의 힘으로 얻어내고 그렇게 얻은 힘으로 살아가는 것.

청소년에게 하고 싶은 걸 다 하게 할 수 없다고? 청소년은 미래를 준비해야 하고, 그 미래가 이루어지면 그들이 하고 싶은 것을 다 할 수 있다고? 이렇게 그것을 알지? 도래하지 않은 타인의 미래를? 한 번이라도 청소년들에게 '지금' 너는 무엇을 하고 싶으냐고 물어본 적은 있는가?

우연히 페이스북 타임라인을 보다가 전국기
능경기대회를 앞둔 전문계고 학생들이 더운 여름을 견디며 '꿈과 열
정'을 갖고 연습 중이라는 소식을 보았다. 강원도 '선수단'이 종합 6
위를 목표로 '구슬땀을 흘리고 있다'는 미담성 기사였다.

그런데 이 기사를 보며 얼마 전 내가 참여한 학교 인권 실태조사
면접이 떠올랐다. A특성화고 학생과 보호자들과의 인터뷰로, 내가
예전에 알고 있던 그 학교의 모습(덩치가 산만한 남학생 1300여 명이 다니
는 어두컴컴한 학교)을 떠올리며 방문했는데, 만난 학생들의 표정이 다
밝았다.

면접에 참가한 학생들은 학교 전공 7개 중 가장 상위 성적과의 학

생들이었다. 특히 그 과는 일종의 특례가 적용되어서, 졸업하면 하사관으로 군 복무를 할 수 있었다(2016학년도에 이 제도가 처음 실시되었는데, 높은 성적을 가진 지원자가 대거 몰려 100명 이상이 불합격했다고 전해 들었다). 현실적으로 말하자면 이 친구들은 일반계 고등학교에 지원할 수 있는 성적의 학생들이다.

면접에 참여한 학생들에게 이 학교에 진학한 이유를 물으니 '취업난'을 고려해서 지원했단다. 부모님과 의논 끝에 대학에 가서 이도 저도 아닌 상태로 공부를 하는 것보다 취업을 빨리 하는 게 더 낫다고 판단해서 지원했다는 것이다. 하지만 "학교 밖에서 A고를 다닌다고 하면 뭐라고 하느냐?"란 질문에 학생 한 명이 "음…… 뭐라고 특별히 말을 하진 않는데요, 그 분위기라는 게 있잖아요."라고 대답했다.

"어떤 분위기요?"

"공고를 다닌다고 하면 바라보는 시선이 있어요."

"네?"

"제가 다니는 교회에 여기 합격했다고 했더니, 저를 되게 안쓰럽게 바라보더라고요."

그러자 다른 학생이 말했다.

"취직도 어려운데 참 대견하다고 칭찬하는 어른도 있어요."

이게 우리 사회가 특성화고를 바라보는 이중적인 시선이라는 생각이 든다.

3학년 1학기가 끝나면 학생들은 실습을 나가야 하는데, 이것도 좋은 과부터 성적순으로 나간다. 그나마 자기 전공을 살릴 수 있는 실습을 하게 되면 다행이다. 그러지 못해 인터넷 비즈니스 전공 학생이 대형 패밀리 레스토랑 주방에 취업했다가 그곳의 폭력적 분위기와 구타 그리고 강도 높은 노동을 견디지 못한 끝에 자살한 사건(거의 묻혀서 아는 사람이 별로 없다)도 있었다.

　왜 인터넷 비즈니스 전공생이 패밀리 레스토랑 주방에 실습을 하러 갔을까? 바로 취업률 때문이다. 취업률만 확보하면 그 이후엔 그 학생이 어떻게 살아가는지에 관심이 없는 사회와 학교. 견디지 못하고 죽은 학생에게 "그렇게 의지가 약해서 밥은 먹고살겠니?"라고만 하지 않아도 꽤 괜찮은 사회이다.

　진로교육이 어느 순간 '진학교육'과 같은 의미로 사용되는 것에 많은 우려가 생긴다. 진로라는 게 교육할 수 있는 건지도 잘 모르겠지만, 올해 진로교육부에서 근무를 해 보니 교육부가 진로교육을 얼마나 성과주의적인 태도로 진행하는지 여러 번 경험했다.

　학교에서 벌어지는, 방향이 뒤집혀 있는 여러 가지 일 중에 가장 큰 것이 진로교육이라고 생각한다. 진로교육이 직업 체험 테마파크에 가서 간호사 일을 체험하는 것이라면, 이 세상에 진로교육만큼 쉬운 게 있을까? 그야말로 자라나는 청소년들에게 '어떻게 살 것인가'라는 질문보다 '너 무슨 일 할래?'를 먼저 묻고 빨리 정하라고 하는 사회, 방향을 정해야 목표가 생기는데 목표를 먼저 정하고 방향은 나중에 정해도 된다고 조언하는 사회, 어떻게 살아가야 할지 고민하는 청소년은 '공부나 해'라는 소리를 들어야 하는 사회. 이 간극을 학교에서 어떻게 채워야 할까?

A고의 보호자들을 면접할 때 들었던 건의사항이 떠오른다.

"애들이 실습 나가기 전에 위험에 처했을 때 자기를 지킬 수 있는 방법을 학교에서 적극적으로 알려 줬으면 좋겠어요."

"노동인권교육을 말씀하시는 것이죠?"

"네. 실습 나가서 죽었다는 애들 기사를 보면 남의 일 같지가 않아서요."

기능경기대회에 나가는 특성화고 학생들에게 '꿈과 열정'만 얘기하지 않고, 그들이 나가게 될 노동현장의 현실과 자신의 존엄성을 지킬 수 있는 방법을 알려 주는 학교와 교육청은 언제쯤 만들어질까? 모든 교과를 통해 '어떻게 살 것인가?'에 대한 질문을 학생이 스스로 자신에게 던질 수 있게 하는 교육은 안드로메다에 있는 것일까?

기능경기대회 금메달을 받은 친구는 사회에서도 금메달만큼의 대우를 받을까? 마이스터고에 진학한 친구들은 정말 대학을 나오지 않았어도 대학을 졸업한 사람과 같은 대우를 받고 있는지 궁금하다. 마이스터고를 밀어붙인 그 권력자가 '마이스터'의 의미는 알고 그랬는지는 의심이 되지만 말이다.

모두를 위한 특수교육을 꿈꾸며

  결국 부모들은 또 울었다. 단지 장애를 가진 자식을 키운다는 이유로 그들은 헌법에 보장된 기본적 권리도 누리지 못한다. 너무나 식상한 말이지만 장애가 전염되는 병도 아니고 장애아들이 피해를 주는 것도 아닌데 납득하기 어려운 이유로 동해 특수학교 설립이 난항을 겪고 있다. 지난번 서울 강서지역에서 벌어진 것과 같은 현상이다. 특수학교는 암묵적인 혐오시설이 되었다.

  2017년 9월 1일자로 전직을 한 후 심정적으로 크게 비중을 두는 업무는 특수교육 업무이다. 내가 근무하는 지역은 특수학교는 없고, 특수학급이 설치된 학교가 있다. 다행히 특수학급 미설치교보다 설치교가 더 많다. 농어촌 지역 특성상 이동 거리가 멀면 통학이 불편한데, 철원은 그나마 다행이라는 생각이 든다.

　내가 특수교육 전공자가 아니기 때문에 특수교육과 관련된 업무는 최대한 직접 현장 방문을 나간다. 가서 직접 봐야 감이 올 것 같기도 하고, 또 그동안 관심을 가졌던 인권의 맥락에서 특수교육 업무에 접근하기 위해서다. 그러나 현장에 나갈 때마다 나의 낮은 인권 감수성에 매번 놀라곤 한다. 장애아들을 대상화하고 있는 나 자신의 모습을 보기 때문이다. 심지어 뇌병변 1급 장애로 재택교육을 받는 학생의 집에 치료 지원을 위한 가정방문을 했을 땐 학생의 상태를 보고 놀란 것이 아니라, 그 아이를 키우는 엄마를 보며 속으로 '나는 참 다행이다'라는 생각을 하는 내 자신에게 소스라치게 놀랐다. 특수교육 업무는 순간순간 나를 반성하게 한다.

　특수교육의 여러 사업 중 내가 불편한 것은 '장애 인식 개선 프로젝트'와 학교 단위에서 반드시 해야 하는 '장애 이해 교육'이다. 장애 인식 개선 프로젝트는 장애를 가진 학생들이 재능을 발표할 수 있는 자리를 만들어 주는 식으로 운영되는 경우가 대부분이다. 장애인과 장애가 없는 사람들이 관객으로 참여하거나 장애아와 그 보호자들을 초청해서 공연을 보여 주는 기획이 많다. 공연의 내용은 주로 장애를 극복한 그 누군가의 연주나 공연이다. 결론은 늘 이렇게 난다. 장애를 극복하고 무대에 선 장애인의 모습에서 감동을 받았다거나 장애가 있건 없건 간에 우리는 하나가 돼야 한다는 식으로.

장애 이해 교육은 더 불편하다. 해마다 장애 이해 교육을 위한 동영상을 국립특수교육원이 제작해서 학교 단위로 보내는데, 이 역시 장애를 갖고도 장애를 갖지 않은 사람과 하나가 되어 어울린다거나 선량한 조력자가 장애를 극복하게 돕는다는 내용이다. 장애 인식 개선 프로젝트나 장애 이해 교육에서 장애인은 주체가 아니다. 장애가 없는 사람이 옆에서 도와야 뭔가를 이룰 수 있는 대상일 뿐이다.

사람들은 장애인들에게 자기결정권이 있다고 생각하지 않는다. 장애는 극복의 대상이라고 여기고, 장애를 극복한 장애인은 다른 사람들에게 감동을 준다고 생각한다. 또한 장애는 '이해의 대상'이다. 장애는 그 현상 자체가 아니라 장애가 없는 사람들에게 '이해를 받아야 하는' 것이다. 그러나 다시 한 번 말하지만 장애는 감동과 이해의 대상이 아니다.

새로운 도시가 만들어지고 초중고교를 만드는 것은 당연한 일인데, 특수학교가 생기는 것은 왜 이해관계자들의 동의를 받아야 가능할까? 교육 3주체는 학생, 교사, 학부모라 한다. 그런데 나는 그리고 우리는 특수교육에서의 3주체를 장애학생, 교사 그리고 장애아의 보호자라고 여긴 적이 있었나? 혹시 나도 특수학교 설립을 그저 '복지'라고 생각하지는 않았는지 스스로에게 묻곤 한다.

차별은 자신이 어찌할 수 없는 것에 의해 부당한 대우를 받는 것인데, 장애를 가진 사람에게 우리가 배려라고 하는 행동이 혹시 차별은 아닐까 생각해 봤으면 좋겠다. 장애는 그 사람이 가진 현상이다. 장애를 갖고 있어도 장애가 없는 사람들처럼 불편하지 않게 살 수 있도록 물리적, 정서적 환경을 만드는 것이 장애인의 인권을 보장하는 것이다. 장애인권이 아니라 인권이다. 물론 장애인을 위한 인권 보장의 책임 역시 국가에 있다.

나는 강원도교육청이 계획대로 특수학교 설립을 추진하기를 간절히 바란다. 그것은 장애학생을 위한 배려가 아니라 교육기관으로서 해야 할 '책무'를 다하는 것이다. '차별은 나빠요. 장애인과 하나 되는 사회를 만들어요.' 이런 공허한 외침 말고, 타인의 상황을 있는 그대로 볼 줄 아는 태도를 가진 사람들이 많은 사회가 이루어지기를 꿈꾸어 본다.

2018년 10월에 특수교육 보조원으로 일하던 스물한 살 공익요원이 지적장애 여학생을 성폭행한 사건이 있었다. 심지어 교실에서 말이다. 기사를 보면 끔찍해서 말을 잇기 어렵다. 게다가 경찰 수사가 아직 진행 중이고 범죄 여부가 확실히 밝혀지지 않았다고 공익요원을 계속 출근시킨 학교의 태도는 놀라울 뿐이다. 이 사건 외에도 장애인을 대상으로 한 폭행 혹은 성폭행 사건은 끊이지 않는다. 더구나 이번 사건의 경우 교실에서 지속적으로 일어난 일이라고 하는데, 학교는 도대체 무엇을 하고 있었냐고 묻고 싶다.

공익요원을 특수교육 보조원에 배치하기 시작한 것은 2006년부터다. 장애학생의 학교생활을 지원하는 특수교육 보조원 배치에 필요한 예산 부족으로 어려움을 겪던 교육부가 2005년 병무청에 인력 요청을 했고, 병무청이 이를 받아들여 시행된 제도이다. 처음에 특수학교에 배치된 공익요원들은 일반 행정 업무만 담당했는데, 이후 특수교육 보조원으로도 일하기 시작한 것 같다. 정확히 말하면 특수교육 보조인력으로 '활용'된 것이다.

특수교육 보조원으로 배치된 공익근무요원은 장애학생의 배변 처리나 식사 지도, 보조기 착용, 착탈 등 장애학생 활동 보조 업무와 학습 자료나 학용품 준비, 이동 보조, 교실과 운동장에서의 학생활동 보조 그리고 학습 자료 제작 지원 등 학습 보조 역할을 한다. 또 장애학생이 상황에 적응하지 못해 발생하는 문제 행동을 관리하고, 주변 사람들과의 관계에도 도움을 주는 등 장애학생의 활동 전반에 관한 보조 업무도 맡고 있다.

학교에서의 특수교육은 '장애인 등에 대한 특수교육법'이 근거가 된다. 또한 장애인은 학교의 안과 밖에서 '장애인 차별 금지 및 권리 구제 등에 관한 법률(약칭 장애인 차별 금지법)'에 의해 보호받는다. 그런데 장애인 등에 대한 특수교육법 제28조 특수교육 관련 서비스에 의하면 '각급 학교의 장은 특수교육 대상자를 위하여 보조인력을 제공하여야 한다'라고 되어 있다. 이에 대한 시행령은 다음과 같다.

제25조(보조인력)

① 교육감은 법 제28조 제3항에 따라 각급 학교의 장이 특수교육 대상자를 위한 보조인력을 원활하게 제공할 수 있도록 보조인력 수급에 관한 계획의 수립, 보조인력의 채용·배치 등 보조인력의 운영에 필요한 업무를 수행한다.

② 교육감 또는 교육장은 보조인력의 자질 향상을 위하여 특수교육에 관한 연수를 실시하여야 한다.

③ 보조인력의 역할 및 자격은 교육부령으로 정하고, 그 밖에 운영 방법에 관한 세부 사항은 교육감이 정하여 고시한다.

시행령 제25조 3항에 따른 장애인 등에 대한 특수교육법 시행규칙을 살펴보자.

제5조(보조인력의 역할 및 자격)

① 법 제28조 제3항에 따라 학교에 배치되는 보조인력은 교사의 지시에 따라 교수학습 활동, 신변처리, 급식, 교내외 활동, 등하교 등 특수교육 대상자의 교육 및 학교 활동에 대하여 보조 역할을 담당한다.

② 보조인력의 자격은 고등학교를 졸업한 자 또는 이와 같은 수준 이상의 학력이 있다고 인정된 자로 한다.

시행규칙에 따르면 특수교육 보조원은 특수교사 혹은 교사의 지시에 따라 '교수학습 활동, 신변처리, 급식, 교내외 활동, 등하교 등 특수교육 대상자의 교육 및 학교 활동에 대하여 보조 역할을 담당'하며, 자격은 '고등학교를 졸업한 자 또는 이와 같은 수준 이상의 학력이 있다고 인정된 자'로 규정한다.

즉 법적으로는 고등학교를 졸업한 자라면 시도교육청에서 자체적으로 실시하는 장애 이해 교육 연수를 받으면 학교에 배치되어 특수교육 보조원으로 일할 수 있다. 인력 투입을 위한 예산 확보에 어려움이 많다 보니 공익요원을 활용하는 방안을 10여 년 전쯤부터 시행했던 것 같다.

그런데 말이 활동보조원이지 '특수교육 대상자의 교육 및 학교 활동에 대한 보조 역할'이 말처럼 쉬운 일이 아니다. 특히 신변처리 문제의 경우 성인 학생이 많은 경우엔 특수교사에게도, 활동보조원에게도 어려운 일임이 분명하다. 공익요원이 장애학생을 폭행한 사건을 단순히 성품이 나쁜 개인에 의한 일로 규정한다면, 이런 일이 또 일어날 가능성을 남겨둔 채 딮어 버리는 것에 지나지 않을 것이다.

게다가 특수교육 보조원은 특수교사 혹은 교사의 지시에 따라 보조 역할을 담당해야 하는데, 도대체 그 '지시'를 하는 교사는 어디서 무엇을 하고 있었단 말인가? 갑자기 목이 확 메어온다. 치밀한 사전 준비 없이 특수교육 보조원으로 공익요원을 배치했던 교육부의 발상이 참 안타까울 뿐이다.

또다시 악마가 만들어질지 모른다. 공익요원이 악마가 될 가능성이 높다. 작년에 전직을 하고 한 학기 동안 특수교육 업무를 담당했었는데, 그때 늘 했던 생각이 특수교육은 고도의 전문성 그 이상을 요하는 분야라는 것이다. 특수교사는 사명감만으로 일하기는 어렵다.

공익요원의 장애학생 폭행 사건도 한때 사람들의 입에 오르내리고, 장애학생 엄마들의 눈물 어린 인터뷰가 한동안 나오고, 예방을 위해 교실에 CCTV를 설치하겠다고 하겠지? 그리고 우리들은 그저 '안 됐다', '어쩜 저럴 수 있냐', '천하에 인간쓰레기 같은'이라는 분노만 쏟아내고 말겠지.

나는 이번 사건이 우리 사회가 장애인을 어떻게 바라보는지에 대한 근본적인 질문을 던지고 답을 찾는 계기가 되기를 바란다. 장애인을 인격체가 아닌 국가가 법적 의무를 지키기 위한 교육의 대상으로 보는 것 같다. 더 좋은 특수교육 서비스를 제공한다는 명목 하에 아무런 지식도, 전문성도 없는 공익요원들을 특수교육 보조인력으로 '활용'하는 것에 그치고 있는 현실이 이를 증명한다. 결국 장애학생도, 특수교육 보조 공익요원도 그저 교육의 대상, 활용할 인력으로 대상화된 것이 이번 참사를 낳은 것은 아닌가 한다.

분노는 문제 해결의 방법이 아니라 문제를 인식하는 출발점이다. 이제 출발한 것이다. 그저 분노한다면 그저 그렇게 머무를 수밖에 없다. 분노하지 말고 냉정하게, 우리가 장애인을 어떻게 바라보는지 다시 한번 성찰하면 좋겠다.

추신 작년에 특수교육 업무를 담당할 때 알게 된 호준(가명)이가 자꾸 생각난다. 지체장애 1급으로 휠체어를 타는 친구였는데, 체험학습을 갈 때마다 나란히 앉아 이런저런 얘기를 했다. 호준이는 걸그룹을 줄줄 꿰고 있는데, 그중 짧은 커트머리를 한 아이돌 멤버를 얘기하며 "장학사님이랑 닮았다." 해서 내 맘을 설레게 했다.

　하지만 등하교를 책임지던 호준이 어머니가 편찮으신 바람에 올해는 등하교를 시킬 방법이 없어 재택교육을 받고 있다. 호준이는 학교에 오늘 걸 참 좋아하는데 속상하다. 내년에 고3이 되는 호준이가 다시 학교에 다닐 수 있기를 바란다. 호준이 엄마의 병이 낫는 것도 중요하지만, 엄마의 손을 빌리지 않더라도 호준이가 학교에 다닐 수 있게 되는 세상이 그야말로 '좋은 나라'가 아닐까 한다.

첫아이를 낳고 복직했을 때, 나는 얼마 되지 않는 경력임에도 신규 교사 후배를 5명이나 둔 고참 교사가 되었다. 그 시절만 해도 '학교 민주주의'라는 개념 자체도 없던 아주 어두운 시절이었다.

개학식 날, 정신없이 하루를 보내고 전입 교사와 신규 발령 교사 환영회가 열렸다. 당시 근무하던 학교는 교사들이 아주 나이가 많거나 아예 신규 교사였다. 회식 문화에 대해서는 뭐, 상상에 맡기겠다. 문제는 나이가 꽤 많은 남자 교사였다. 그분은 늘 다른 교사들에게 '반말'을 사용했으며, 젊은 교사가 질문하는 것을 '싸가지 없다'고 했다. 게다가 술만 먹으면 기본적으로 여교사들에게 쓰는 호칭이 '이 ×, 저 ×'가 되었다.

　신참 교사일 때는 그 상황이 불편해도 경력도 낮고 나이도 어려 그냥저냥 모른 척하고 살았다. 그러나 출산을 하고 난 이후 여교사들이 술에 취한 그 남자 교사 앞에 무릎을 꿇고 앉아 쩔쩔매는 모습에 슬슬 불편한 감정이 올라왔다.

　이윽고 그 남자 교사가 신규 여교사들에게 '이 ×, 저 ×'로 호칭하며 술을 강권하기 시작했다. 한 여교사가 술을 못 마신다고 하자 "술도 못 마시는 게 무슨 선생을 하냐? 이 ×!" 하는 것이 아닌가.

　순간 나는 귀를 의심했다. 그 장면을 그냥 두고 보기엔 딸을 낳은 엄마로서 양심이 용납할 수 없는 그 무언가가 막 솟아올랐다. 일단 조용히 남자 교사 앞으로 갔다.

　"선생님, 그만 드시죠. 많이 드셨는데요. 제가 모셔다드릴게요."

　"…… 미친 ×."

　"네? 지금 뭐라고 하셨어요?"

　"미친 ×, 이 ×야! 넌 그렇게 싸가지 없어서 애는 어떻게 키우겠냐?"

　그 말에 붙잡고 있던 이성의 끈이 떨어졌다. 나는 내 앞에 있던 맥주잔을 바닥에 내던지며 일어나 "그만 가시죠. 말 좀 조심하시고요."라고 소리쳤다. 그 장면을 보고 쩔쩔매는 다섯 명의 신규 여교사들에게는 "제가 모셔다드리고 정리할 테니, 억지로 술 드시지 마세요."라고 침착하게 말을 건넸다. 다행인지 그 남자 교사는 조용해졌다.

다음 날, 그 남자 교사는 전날 상황을 전혀 기억하지 못한다고 했다.

내가 그 남자 교사를 대한 방법은 가장 낮은 수준의 해결책이었다. 다음 날 전체 회의 시간에 일어나서 조목조목 항의했어야 하는데 그때만 해도 너무 어렸다. 심지어 선배 교사들은 아무도 도와주지 않았으니 말이다. 지금은 주변 사람들이 나에게 '문제에 대한 반박을 흥분하지 않고 천천히 말한다'고 칭찬을 한다(칭찬인지는 잘 모르겠다). 하지만 처음부터 이랬던 건 아니다.

교원성과급이 처음 도입되던 해, 대부분의 학교가 이 문제로 뜨거웠다. 내가 근무하던 학교도 전체 회의 시간마다 교원성과급에 대한 논쟁이 벌어졌다. 어느 날, 내가 존경하는 선생님이 회의 시간에 일어나서 교원성과급 도입을 왜 막아야 하는지 역설하는 모습을 보고, 발령받은 지 한 학기 밖에 되지 않은 나도 손들고 일어나서 그분의 의견에 동의하며 성과급 도입을 막자고 말했다.

그런데 순간 분위기가 싸해졌다. 그리고 며칠간 나는 '선배 여교사'들에게 불려 다니며 '네가 뭘 안다고'라는 말을 반복해서 들었다. 그나마 가장 괜찮은 선배 여교사는 "김현진 선생, 나도 성과급 도입은 반대야. 그런데 말이야, 교직 사회는 신규 교사가 자기주장을 하는 걸 아직 수용하지 않더라고. 김 선생 용기엔 나도 부끄러웠어. 하지만 김 선생이 하는 말에 좀 더 힘을 주고 싶다면 30대 중반이 돼서 김 선생 말을 시작해 봐."라고 위로(?)를 해 주었다.

나는 정확히 35세가 되던 해부터 전체 회의 시간에 발언을 하기 시작했다. 물론 30대 중반의 여교사의 말도 동료 교사들은 여전히 편하게 여기지는 않는다. 맥주잔을 던진 후 강산이 두 번 바뀔 만큼 시간이 흘렀다. 2019년의 학교에서 신규 교사는 자기주장을 거리낌 없이 말할 수 있을까? 민주주의는 광장에 모여 말하는 것에서 시작 됐다고 하는데 우리는 네모지고 갇힌 공간에서 여전히 자기 생각을 말하는 것을 불편해한다. 과묵을 미덕이라고들 하지만, 내가 생각하 기에 과묵은 악덕(惡德)까지는 아니어도 부덕(不德)임은 틀림없다.

요즘 학교 민주주의가 화두다. 아니, 이제 고작 학교 민주주의란 말이 종이 밖으로 나오기 시작했다. 인권이라는 말이 종이 밖으로 나온 지 20여 년이 지나 우리 인식으로 들어온 것처럼, 학교 민주주 의도 이제 종이 밖으로 나와서 학교 문화를 조용히 흔들고 있다.

민주주의는 개인들이 모여 자기 말을 하며 서로 소통하는 것이다. 그런데 말하는 것을 억압한다? 민주주의의 토대를 아예 인정하지 않겠다는 것 아닌가? 그래서 곰곰이 생각해 봤다. 학교 문화를 민주 적으로 만들기 위한 토대기 뭘까? 세 가지 정도가 떠오른다.

첫째, 저경력 교사가 교직원 회의 시간에 공동의 문제에 대하여 심장 졸이지 않고 자기의 말을 할 수 있는 문화
둘째, 그러한 저경력 교사를 어색하지 않게 바라보는 선배 교사의 태도
셋째, 승진제도 개선으로 학교 문화를 민주적으로 만들어 가는 것

첫째와 둘째는 아직 낯설어 보이고, 셋째는 이를 위해 많은 사람들이 노력 중이다. 민주적인 학교 문화를 위해서 중요한 것 중 한 가지가 학교를 이끄는 관리자의 역할임을 많은 사람들이 알았기 때문이다.

성추행을 고발했던 서지현 검사가 가늘게 떨며 하던 인터뷰가 떠오른다. 그녀는 검사다. 검사인 그녀가 떨면서 자기 조직에서의 부당함을 고발했다. 검사도 자신이 당한 억압에 대하여 말하려면 큰 고통을 각오하는데, 우리 사회의 약자들이 자신의 얘기를 한다는 것은 쉽지 않은 것이 분명하다.

인권은 민주주의를 위한 여러 가지 요소 중 매우 중요한 한 가지이다. 인권은 자유롭게 모여 떠들고 말하는 것에서부터 시작한다. 그런데 교사나 학생이나 학교에서 자유롭게 자신의 생각을 말하는 것이 아직도 어색하다면 우리 사회가 민주주의적인 가치를 구현하고 있다고 할 수 있을까?

말할 수 있는 자유는 자유 중에서도 가장 기본적인 자유이다. 학교 문화를 민주적으로 만들기 위해 가장 기본적인 것부터 시작한다면 무엇을 해야 할까? 그것은 바로 학교 구성원 누구나 자유롭게 말할 수 있게 하는 것이다.

2016년 10월, 국민 모두를 패닉 상태로 빠트리며 어른, 아이 할 것 없이 부끄러움으로 추락하게 한 사건이 대한민국을 강타했다. 그중에서도 부모가 돈이 많은 것도 능력이라고 말한 J의 고교 시절 출석 현황을 보며 분노와 자괴감이 밀려온다.

일반 학생들은 질병 조퇴 한 번만 해도 혹시 출결 점수에 영향을 주진 않을까 해서 아파도 꾹꾹 참고, 생리통이 심해서 결석을 하면 출석으로 인정이 되는데도 결석을 주저한다. 그런데 어떤 학생은 온 우주의 도움으로 '자유롭게' 출석하며 다녔다니! 교사로서 학생들에게 시민으로서 지켜야 할 최소한의 사회 규범을 어떻게 강조할 수 있을까 하는 생각이 며칠 동안 머릿속을 복잡하게 만들었다.

J를 보며 나는 몇 년 전에 담임했던 H가 떠올랐다. H는 키가 아주 작은 아이였다. 선천성 뼈 기형을 안고 태어나 뼈가 잘 자라지 않고, 작은 충격에도 골절을 쉽게 입을 수 있어서 항상 조심해야 했다.

3월, 학교에서 2학년 학생 모두가 수련활동을 하러 태백산으로 출발했다. 첫날은 공동체 놀이를 주로 했고, 둘째날에는 모든 학생과 교사가 태백산 천제단 등산을 하는 활동이 있었다.

3월 말인데도 아이젠을 착용하고 산을 올라야 할 만큼 아직 녹지 않은 눈이 곳곳에 쌓여 있었다. 결론부터 말하자면 그럼에도 불구하고 H는 선생님과 친구들의 도움을 받아 태백산 정상 천제단에 올랐다.

솔직히 나는 출발할 때부터 H가 걱정되었다. 그래서 산에 오르는 내내 H의 뒤를 따라가면서 "힘들지 않니? 힘들면 선생님하고 내려가자."라고 계속 물었다. H는 "괜찮아요. 저 가끔 엄마랑 산에 가요. 선생님."이라며 앞만 보고 산을 올랐다. 나도 H의 자유의지에 반하는 '힘들면 내려가자'는 말을 더 이상 하지 않고 H의 속도에 맞추어 걸었다.

드디어 우리는 천제단에 올랐고, H는 친구들과 함께 기념사진을 찍으며 매우 기뻐했다. 그 모습을 보고 있자니 주책없이 눈물이 났지만, 얼른 눈물을 훔치고 나도 H와 함께 기념사진을 찍었다.

그런데 산에서 내려올 때가 문제였다. 내리막길에다 곳곳이 얼음길이라 산을 잘 타는 사람에게도 힘든 조건이었기 때문이다. 결국 다른 반 담임 교사들까지 교대로 H를 잡아주고 끌어주며 4시간 만에 산에서 무사히 내려올 수 있었다. 내려왔을 때 이미 해가 저물고 날이 어둑어둑해진 뒤였다.

수련회에 다녀온 뒤 며칠 후 H의 엄마가 전화를 하셨다. 고등학교 2학년이 되면서부터 뼈 상태가 안 좋아져 원래 고등학교 졸업 이후에 하려던 수술을 미리 하기로 했다는 것이다. 아뿔싸, 혹시 무리하게 등산을 한 게 문제인가 혼자 뜨끔했다. "태백산 정상까지 완주했다고 H가 얼마나 뿌듯해하는지 몰라요. 친구들하고 선생님이 H에게 소중한 추억을 만들어 주셔서 감사해요."라고 마치 내 속 마음을 아시는 듯 오히려 나를 위로해 주었다.

H는 8시간에 걸친 대수술을 마치고, 한 달간 결석한 후에 다시 등교를 했다. 문제는 수술 이후였다. 수술도 수술이지만, 수술 후 재활과 안전이 더 중요했다. 등교해서 정규 수업을 마칠 때까지 앉아 있는 것도 쉽지 않은 일이었다. 이미 수술로 한 달의 결석을 해서 더 결석을 하면 출석일수가 모자라 3학년 진급이 어려울 수도 있는 상황이었다.

어떻게 해야 할까 고민하다가 교무부장을 찾아가서 상황을 말씀드렸더니 단번에 해결책을 알려 주셨다.

"조퇴를 하면 안 되나?"

"네?"

"조퇴 3회가 결석 1회잖아. 한 달쯤 있으면 여름 방학이니 한 달만 조퇴를 하면 진급에 문제가 없을 것 같은데?"

"아!"

H는 등교 첫 주엔 1교시 후, 그 다음 주엔 2교시 후에 조퇴를 하며 점차적으로 학교에 있는 시간을 늘려갔다. H는 수술 이후에도 그전처럼 부모님이 등교를 시켜주지 않고 비가 오나 눈이 오나 목발을 짚고 혼자 택시를 타고 등교를 했다. 하교할 땐 친구들이 가방을 들어 주고, 콜택시를 불러 주었다.

J의 얘기를 들으며 나는 왜 H가 수술 후 처음으로 학교에 등교하던 모습이 떠올랐을까? 지극히 감정적이었던 것 같다. H는 수술 후 혹시나 급식소에 가다가 아이들과 부딪칠까 봐 처음엔 도시락을 싸서 다녔다. 그런데 짐도 많아지고 해서 나중엔 그냥 점심을 굶었다는 것이다. 이를 알고 나는 우리 반 4교시 교과 선생님들께 부탁을 해서 H가 도움이 친구와 함께 5분 일찍 급식소에 갈 수 있도록 해 주십사 부탁을 했고, 선생님들의 흔쾌한 동의로 H는 점심을 먹을 수 있었다.

여러 사람의 이해와 연대로 2학년을 마치고 어엿하게 고3에 진급한 H의 삶과 권력의 힘으로 얻어낸 J의 삶을 나는 지극히 감정적이고 편파적으로 비교했다.

권력과 돈을 그리고 '우주의 기운'을 등에 업고 사회 구성원이라면 기본적으로 지켜야 하는 약속을 깡그리 짓밟고도 말을 타고 명문대에 들어가는 사회. '인서울'을 하기 위해 자신의 모든 노력을 기울

여도 하늘의 별을 따지 못하는 사회. 이 모순적인 두 가지 사회가 가능한 이유가 오로지 개인의 능력 차이 때문이라면 인정할 수 있겠다. 그러나 그 능력이 자기의 노력이 아니라 재력이나 권력에 의한 것이라면 이는 우리가 해결해야 할 구조적 문제라고 생각한다.

그렇다고 해서 내가 무조건적인 혹은 기계적인 평등을 이루자고 주장하는 사람은 아니다. 적어도 내가 가르친 학생들만큼은 자신의 잘못이 아닌 것 때문에 삶을 꾸려 나아가는 과정에서 자괴감에 빠지고 최소한의 존엄성도 보장받지 못하는 일은 없었으면 한다.

15년 전에 우리 반 반장이었던 친구를 몇 년 전에 만났을 때 그 친구가 했던 말이 떠오른다.

"선생님, 저 자격증만 서른일곱 개예요. 게다가 학점도 좋아서 조기 졸업했고요. 그런데 취업하려고 원서를 마흔 곳에 넣었어요. 도대체 어떤 사람들이 취업을 할 수 있는 걸까요? 제가 며칠 전 친구랑 밥을 먹으러 식당에 갔는데 옆자리에 앉은 어떤 여자가 울면서 그러더라고요. 월급이야 적어도 되니 4대 보험이라도 보장되는 곳에 취업하면 좋겠다고요."

이 말을 듣는데 가슴 답답해하는 것 말고 내가 할 수 있는 일이 없었다. 그래도 조금 형편이 나은 아이들은 부모님의 지원을 받으며 공무원 시험 준비라도 할 수 있는데, 그렇지 못한 아이들은 아르바이트를 하면서 취업 준비를 해야 한다. 그러니 먹고 입고 잠자는 것이 오죽하겠는가. 거기서 발생하는 차이는 또 어떻게 극복할까? 정신력으로 극복하라고? 이 악순환은 언제쯤 멈출까?

다시 H 이야기로 돌아가서, H는 고3이 되기 전에 남동생과 함께 일본으로 배낭여행을 간다고 했다. 남동생과 둘이서만 가는 것이다. 나는 괜찮겠냐고 물었다. 하지만 묻고 나서 바로 내 질문이 의미 없다는 것을 깨달았다. H는 고3이 되기 전에 꼭 다녀오고 싶었다며 환하게 웃었다.

J보다 H가 행복하다고 말할 수 없다. 행복은 타인이 평가하거나 정해 주는 것이 아니니까 말이다. 하지만 개인은 행복한 삶을 살기 위해 국가로부터 최소한의 존엄성을 보장받아야 한다. 이때 존엄성을 보장받는다는 의미는 국가가 개인을 위해 최소한의 의식주 문제를 해결해 주는 것이다. 뿐만 아니라 개인이 공적 문제로 인해 위험에 처했을 때 그 개인을 보호해 주는 것도 국가가 져야 할 존엄성 보장의 책무이다. 이 두 가지가 제대로 보장되어야 개인의 존엄성은 지켜지고, 빈부격차나 타고난 개인 간의 차이에 관계없이 대등하게 의사소통을 할 수 있다.

바라건대 H가 세상에 나갔을 때는 남들과 다른 몸으로 인해 차별받는 일이 줄어들었으면 좋겠다. 차별이 사라질 것이라고는 생각하지 않는다. 그저 한 해 두 해가 지날수록 차별이 줄어들어서 언젠가는 차별이 있는지 우리가 인식하지 못할 만큼 세상이 더 나아졌으면 하는 것이 H를 담임했던 나의 작은 바람이다.

　　　　　어느 해 가을, 학생들과 가을맞이 독서기행
을 계획했다. 그날이 2016년 11월 5일이다. 교과서에서 자주 만나는
윤동주 그리고 김수영의 삶과 문학에 한 걸음 더 다가가기 위해 두
시인을 기념하는 문학관을 탐방하기로 했다. 또 김수영 문학관의 강
의실을 빌려 《대한민국 치킨展》의 정은정 작가를 만나 이야기를 듣
고 학생들과 질의응답을 하는 시간도 계획했다.

　그런데 서울로 출발하기 일주일 전 세상을 놀라게 할 기형적인 권
력의 실체가 드러났다. 시민들의 분노가 만만하지 않은 것을 눈치챈
권력은 서둘러 사과문을 발표했지만 형식적인 사과에 불과했다. 이
에 시민들의 분노는 폭발했고, 시민들은 촛불을 들고 거리로 쏟아져

나왔다.

이런 때에 서울 사대문 안에서 차를 타고 다니다간 그냥 길에 서 있을 가능성이 높았다. 버스 대절을 취소하고 대중교통으로 이동해야 하나? 활동 자체를 취소해야 하나? 시국이 이렇게 될 줄 알았나? 등 온갖 생각이 머릿속을 떠다녀 밤새 뒤척였다.

윤동주 문학관은 종로구 창의문로에 있다. 위치상으로 딱 청와대 왼쪽 뒤편이다. 김수영 문학관은 도봉구 방학동이다. 이동 시간과 동선을 계산해 보니, 차만 밀리지 않는다면 얼추 계획대로 이동하고 춘천에 귀가할 수 있을 것 같았다. 그래서 우리는 계획대로 하기로 하고, 20명의 학생과 두 분의 선생님과 함께 서울로 향했다.

광화문에 들어서서 본 경찰 버스와 경찰들의 행렬은 작금의 사태를 파악 못한 우둔한 지도자의 권력에 대한 미련을 보여 주는 듯해서 씁쓸했다. 다행히 아직 본격적인 집회를 시작하기 전이라 광화문 앞을 지나 윤동주 문학관에 가는 길이 막히지는 않았다.

문학관에 거의 도착할 즈음, 검문소 같은 곳이 보이더니 경찰이 버스에 올라 확인을 한다. '학생 인솔'이라고 버스 앞에 쓰여 있는데, 권력을 가진 자가 무슨 지은 죄가 그리 많기에 저러나 싶었다.

드디어 윤동주 문학관에 도착. 윤동주 문학관은 종로구 옛 청운수도 가압장 자리에 있다. 지대가 높은 이곳에 일제 강점기에 식수 공급을 위해 만든 커다란 물탱크와 그것을 퍼 올리는 가압장을 만들었는데, 이 시설을 재활용하여 문학관을 만든 것이다. 인왕산 자락에

버려져 있던 가압장과 물탱크를 개조해 만든 윤동주 문학관은 소박했지만 관람하는 내내 가슴 한켠을 서늘하게 만들었다.

　윤동주는 연희전문학교 재학 시절 종로구 누상동에 있는 소설가 김송의 집에서 벗 정병욱과 함께 하숙을 했고, 두 벗은 인왕산에 올라 산책을 하며 시심(詩心)을 다듬었으리라. 윤동주의 대표작 〈별 헤는 밤〉, 〈자화상〉, 〈또 다른 고향〉 등은 모두 이 시절에 쓴 작품들이다.

　동주의 시와 일생에 대한 해설사의 설명을 들으며 '자유'에 대하여 생각했다. 우리는 독립운동가나 교과서에 등장하는 저항 시인이 '나라'를 위해 싸우다 목숨까지 바쳤다고 생각한다. 그러나 내 생각은 조금 다르다. 실체도 없고, 손에 잡히지 않는 나라를 위해 목숨까지 바친다는 것이 다소 모순되지 않는가 싶기 때문이다.

　그러면 그들이 목숨까지 내어놓으며 지키려 했던 것은 무엇일까? 바로 '양심, 사상, 생각의 자유'이다. 그들에게 양심은 '나라를 빼앗기고는 살 수 없다'는 것이다. 그들에게는 나라를 빼앗겼는데 그냥저냥 살아가거나 나라를 빼앗은 자에게 부여히며 사는 것은 양심에 반하는 것이다.

　몇 년 전, 헌법재판소는 양심적 병역 거부와 관련된 판결에서 양심에 대해 이렇게 규정했다.

　'양심은 인간의 윤리적·도덕적 내심영역의 문제이고,「대한민국헌법」이 보호하려는 양심은 어떤 일의 옳고 그름을 판단함에 있어서 그렇게 행동하지 않고는 자신의 인격적인 존재 가치가 허물어지고 말 것이라는 강력하고 진지한 마음의 소리이지 막연하고 추상적인 개념으로서의 양심은 아닙니다.'(헌재 1997. 3. 27. 96헌가11)

이 판결문의 핵심은 양심을 '어떤 일의 옳고 그름을 판단함에 있어서 그렇게 행동하지 않고는 자신의 인격적인 존재 가치가 허물어지고 말 것이라는 강력하고 진지한 마음의 소리'로 정의한 것이다.

1997년의 양심에 대한 정의로 일제 강점기 동주의 행적을 반추해도 의미가 퇴색하지 않는다. 그는 나라를 빼앗기고서는 자신의 인격적인 존재 가치가 허물어지고 말 것이라는 강력하고 진지한 마음의 소리를 외면할 수 없었던 것이다. 마음의 소리를 외면하지 못한 결과는 조국의 광복을 눈앞에 두고 맞은 비극적인 죽음이었다.

그렇다면 양심은 어디에서 출발할까? 사상의 자유일 것이다. 공교롭게도 동주는 치안유지법 제5조 위반으로 검거되었다. 이후 19개월간의 수감생활 동안 의문의 주사를 강제로 맞으며 감옥에 갇혀 있었고, 광복을 6개월여 앞둔 1945년 2월 한반도와 가장 가까운 후쿠오카 형무소에서 외마디 비명을 지르며 숨졌다. 약 한 달 뒤, 사촌형제 송몽규도 감옥에서 죽음을 맞이했다.

사람들은 동주를 육사와 비교하여 소극적이고 부끄럼이 많았던 시인으로 얘기하곤 한다. 나도 그랬다. 그러나 동주의 평전을 읽고 나서 생각이 바뀌었고, 영화 〈동주〉를 보고 나서 내가 동주를 제대로 알지 못했다는 생각이 들었다.

동주가 가장 괴로워했던 것은 우리말로 시를 쓰지 못하는 것이었다. 우리말로 시를 쓰는 것은 시인이 되고자 했던, 결국 죽어서야 시인이 되었던 동주의 양심이었다. 동주는 그 양심을 지키기 위해 조국의 독립을 간절히 염원했고, 자신이 하지 않은 일에 대하여 조서를 내미는 일본인 형사에게 서명을 거부했던 것이다.

나라를 되찾은 지 70여 년이 지난 지금, 여전히 개인의 사상과 양심은 자유롭지 않다. 개인의 머릿속 생각까지 짐작하여 법으로 처벌하는 국가보안법은 일제의 잔재임에도 아직까지 존재하지 않는가? 어디 우리 사회만 그러한가? 학교는? 자기 생각을 드러내면 교사답지 않은 특이한 교사라고, 교사로서 적절하지 않다고 여기는 문화가 여전히 학교를 옥죄고 있다. 그렇게 길들여진 교사들 역시 학생들을 그렇게 길들인다.

인간이 존재하는 이유는? 자기 '깜냥'을 갖고 있어서다. 깜냥은 자기 삶을 꾸려가는 데 필요한 사유(思惟)이다. 깜냥은 부정적인 의미가 아니라, 옳고 그름에 대한 분별과 약자에 대한 공감 그리고 자신의 사유를 손과 발로 옮기는 데 필요한 최소한의 단위이다. 동주에게 그것은 우리말로 시를 쓰는 것이었고, 그 자유를 빼앗긴 동주는 개인을 억압하는 제국주의에 저항한 것이다.

동주의 문학관은 그날 날씨만큼이나 스산했다. 윤동주 문학관 해설사의 설명을 듣는 내내 몇 번 울컥하다가 결국 동주의 일대기를 보여 주는 영상에서 '외마디 비명을 지르고 사망'이란 자막에 눈물을 쏟았다. 개인의 존엄성이 철저하게 짓밟히던 제국주의의 서슬 퍼런 공기 속에서, 자기와 싸우며 양심을 지키고자 했던 시인 윤. 동. 주. 인권을 얘기하는 지금, 다시 한번 그를 기려본다.

> '가압장은 느려지는 물살에 압력을 가해 다시 힘차게 흐르도록 도와주는 곳이다. 세상사에 지쳐 타협하면서 비겁해지는 우리 영혼에 윤동주의 시는 아름다운 자극을 준다. 그리하여 영혼의 물길을 정비해 새롭게 흐르도록 만든다. 윤동주 문학관은 우리 영혼의 가압장이다.'
>
> — 윤동주 문학관 리플릿에서

인권 친화적인 학교 만들기

준호는 그저 물의 촉감과 물속에서 보이는 햇빛이 좋아서 수영하는 것을 좋아하는 초등학교 남자아이다. 하지만 준호 엄마는 준호가 수영을 좋아하는 이유를 이해하지 못한다. 그저 1등 선수가 되지 못하면 사람 구실도 못 한다고 무조건 최고의 수영선수가 되라 강요만 한다. 늘 4등만 하는 아들의 존재를 참을 수 없어하던 엄마는 수영선수로 아들을 성공시킨 선배 엄마에게 코치 광수를 소개받는다. 광수는 한때 전설적인 국가대표였으나, 지금은 문화센터 수영코치를 하고 있다.

국가대표 시절 광수는 강압적인 선수촌 생활에 적응하지 못하고 선수촌을 이탈하는 등의 돌발행동을 했었다. 그 댓가로 감독에게

100대의 체벌을 받고 이 상황에 항의하다 선수촌을 뛰쳐나왔었다. 이로 인해 광수는 국가대표 자격을 박탈당했다.

선수촌을 이탈했다고 100대를 맞는 게 말이 안 된다고 폭력에 저항했던 광수지만 자신이 맞았던 것처럼 지도하는 선수들을 때려서 가르친다. 준호 역시 광수에게 맞으면서 수영을 배운다. 엄마는 준호가 1등만 할 수 있다면 맞아도 괜찮다고 생각하며, 코치인 광수의 체벌을 묵인한다.

정지우 감독의 영화 〈4등〉의 줄거리다. 이 영화를 '1등만 기억하는 더러운 세상'을 비판하는 얘기로만 보면 영화가 전하려는 메시지가 축소된다. 준호 엄마 때문이다.

준호 엄마는 자기의 삶이 없다. 오로지 남편과 아들을 위해서 살고 있다. 준호 엄마는 자신의 모든 것을 준호에게 걸었다. 자기 내면은 텅 빈 채. 그래서 그 공허함을 채우기 위해 아들에게 모든 것을 건다. 절에 가서 불공을 드려도 남편과 아들을 위해서는 빌지만, 자신을 위해서는 아무것도 빌지 못하는 사람이다. 아이가 맞으면서 수영을 배웠다는 걸 알고 남편이 화를 내자 준호가 1등만 할 수 있다면 맞아도 괜찮다며 절규한다.

내가 생각하기에 이 영화에서 가장 중요한 이야기는 자기 삶이 없는 엄마가 자신의 욕망을 아들에게 투사하며 아들의 자기결정권을 빼앗는 것이다. 1등만 하면 맞아도 괜찮다고? 이거 어디서 많이 들어본 말 아닌가? 나는 그 장면에서 준호 엄마에게 애잔함을 느꼈다

(영화 마지막 장면에 반전이 있으나, 스포일러 방지를 위해 언급하지 않겠다).

영화에서 가장 인상적인 장면은 준호가 광수의 지도에 따르지 않자 엄청나게 때린 후 약을 발라 주고 먹을 것을 사 주며, 그래도 내가 못할 때 나를 때려서라도 잡아 주는 게 진짜 선생님이라고 하는 장면이다. 체벌은 학생을 바로 잡아 주는 방법이 아니라 학생에게 폭력을 쉽게 가르치는 방법이다.

이 영화를 보면서 나는 인권이란 자기 삶을 들여다보는 것에서 출발하는 것이 아닐까라는 생각을 다시 한 번 해 보았다. 자신을 들여다볼 수 없는데 나 아닌 타자를 어떻게 볼 수 있겠는가. 그건 단지 타자를 대상화할 뿐이다. 그런 측면에서 인권 친화적 학교 문화는 어쩌면 교사 – 학생 – 학부모가 자기 삶을 들여다보는 것에서 출발하지 않을까 한다.

나 하나 꽃 피어
풀밭이 달라지겠느냐고
말하지 말아라.
네가 꽃 피고 나도 꽃 피면
결국 풀밭이 온통
꽃밭이 되는 것 아니겠느냐.

내가 좋아하는 조동화 시인의 〈나 하나 꽃 피어〉라는 시의 한 구절이다. 이 시의 화자가 이야기하고 있는 것은 풀밭과 산이 아니다. 풀밭과 산에 있는 꽃이다. 풀밭과 산을 학교에 비유한다면, 꽃은 무엇일까? 바로 학교를 존재하게끔 하는 여러 명의 개인들, 즉 학생과 교사(보호자 등)일 것이다. 학생과 교사가 없는데 학교가 존재할 수 있을까? 학교는 학생과 교사가 있어야 존재하는 곳이다. 방학 중의 학교를 한번 떠올려 보자. 잠시의 고요함이 좋기도 하지만 좀 어색하다. 학생과 교사가 없기 때문이다.

교사는 늘 자신과 학생의 인권에 대하여 고민해야 한다. 학생-교사의 인권을 고민할 수 없는 학교에서 인권 친화적인 학교 만들기를 말하는 것은 모순이다. 이를 위한 전제 조건이 교사가 교사로서의 자기 삶을 마주하고 고민하는 것이다. 그러고 나서야 비로소 학생의 삶과 마주할 수 있다.

흔히들 교권과 학생인권은 서로 대립한다고 여긴다. 어느 한 쪽이 강조되면 나머지 한 쪽은 소홀하게 여길 수밖에 없는 관계로 바라보는 경우가 대부분인데, 인권을 제대로 알고 나면 그렇지 않음을 알 수 있다.

교권은 국가가 교사의 전문성을 인정하고 부여한 권리다. 그렇게 보장받은 교권으로 교사는 다음 세대를 이끌어 갈 시민들을 양성하는 교육활동을 마음 놓고 펼치는 것이다. 즉, 교권은 국가로부터 위임받은 것이다. 따라서 교권은 무소불위의 것이 아니라 국가의 공적인 가치, 즉 헌법과 교육기본법 및 초중등교육법에 의해 정당하게 행사할 때 보장받을 수 있다. 또한 대한민국 헌법은 인권을 헌법적 가치로 보장하고 있으며, 이렇게 볼 때 교권은 오히려 인권과 함께 보장받을 수 있는 것이다.

교권은 어떤 상황에서 제한할 수 있을까? 교사가 헌법의 정신에 반하는 교육을 하거나 부족한 전문성으로 학생의 학습권을 제대로 보장하지 못한다고 판단될 경우이다. 전자는 법적인 규제로 후자는 교사가 속한 공동체에 의해 이루어져야 한다. 이 두 가지 외에 교사의 교육활동에 근거 없이 개입하거나 자신이나 자녀에게 불리하다 판단하고 교사의 교육활동에 압력을 가하는 것은 명백하게 부당한 교권 침해이다.

교권을 침해하는 것은 학생보다는 일부 학부모, 학교 관리자나 국가인 경우가 더 많다. 그러나 교권 침해의 주범으로 대부분 학생을 지목하는 것이 우리의 현실이다. 교사 개인의 인권과 국가로부터 부여받은 2차적 권한인 교권을 구분하기만 해도 교권 침해의 주범으로 학생이 지목되는 경우는 좀 줄어들 것이다. 게다가 이러한 접근이 결과적으로는 교사와 학생 모두에게 상처만 남기게 되니 안타깝다.

인권은 사람이면 누구나 가지고 있는 존중받을 권리를 말한다. 이는 내가 존중받는 것뿐 아니라 동시에 나도 타인의 존중받을 권리를 침해할 수 없음을 의미한다. 그런데 지금까지 학교에서 이루어지는 인권교육은 주로 가질 수 있는 '권리'가 무엇인지 설명하는 수준에 머물렀던 것이 사실이다. 내가 보장받을 수 있는 권리에 대해 아는 것보다 인간을 존중하는 것에 대해 아는 것이 먼저임에도 불구하고 우리는 지금까지 권리만을 얘기해왔다. 정작 그 권리를 누려야 하는 인간을 존중하는 것은 등한시한 채 말이다.

2016년 1월 교사를 빗자루로 폭행한 사건이 전국을 들끓게 했다. 그 사건은 학생이 교권을 침해한 것이 아니라, 인간을 존중하지 않는 학생들이 교사를 인간으로 인정하지 않고, 교사에게 조롱과 화풀이를 쏟아내며 교사를 대상화한 것이다. 인권을 침해하는 것은 여러 가지 종류의 '폭력' 중 매우 중대한 수위의 폭력이다. 학생 사이에 벌어지는 학교폭력 그리고 왕따 문제도 결국 인간을 존중하는 교육이 아닌 인간을 대상화하는 교육의 참혹하고 씁쓸한 결과라 할 수 있다.

학교에서 인권교육을 한다는 것은 세계인권선언의 내용을 알려주고 헌법에 보장된 인권의 내용을 배우는 것 외에 인간에 대한 존중을 지속적으로 가르치는 것이다. 인권교육은 타인을 존중하는 법과 나를 존중하는 법을 배우는 것이며, 나의 권리 침해뿐만 아니라 타인의 권리 침해에도 민감하게 반응하는 '인권 감수성'을 키워 주는 것이다. 이것이 이루어져야 교권을 보호할 수 있고, 교사가 행복한 학교가 이루어진다. 학생들에게 인권에 대하여 가르치지 않고 교권을 보호받기 원한다면 수업시간에 가르치지 않은 내용을 시험에 출제하는 것과 무엇이 다르겠는가? 인권교육은 곧 교권 보호의 출발이다.

갑질 하는 사회

"됐고, 너 같은 하급 직원하고 할 말 없으니까, 팀장이나 대표이사 불러와."

"손님께서 하시는 말이 무슨 뜻인지 알겠는데요. 그렇다고 제가 이 일 때문에 팀장님이나 대표이사님까지 불리드리기는 어렵습니다."

"너네, 만약에 팀장이 나와서 너네가 잘못한 거 밝혀지면 나한테 혼날 줄 알아."

딸들과 함께 새벽에 출발해서 양양의 어느 리조트로 피서를 떠났는데, 물놀이 공원에 입장하려고 요금 정산소 앞에 줄을 서 있다 목격한 광경이다. 옆에서 파악한 내용인즉, 손님이 반입하면 안 되는 물건을 갖고 입장하는 것을 요금 정산소 직원이 제지하다 시비가 붙은 것이다.

손님은 그럼 왜 자동차가 들어오는 정문에서부터 반입 금지를 안내하지 않았냐고 버럭버럭 소리를 질렀다. 처음부터 끝까지 직원을 하대하면서 말이다. 아르바이트생으로 보이는 직원은 침착하게 대응하고 있었고, 그 손님은 "너희 나한테 혼날 줄 알아."라고 반말과 욕을 섞어가며 큰소리를 내고 있었다.

얼마 전 인권연구회 선생님들과 함께한 연수에서 조효제 교수님은 우리나라에서 발생하는 여러 가지 차별의 원인에 '고용구조'라는 항목이 곧 들어가야 할 것 같다는 말씀을 하셨다. 고용구조에서 발생하는 차별이란, 타인을 대할 때 본능적으로 '그렇고 그런 직업'에 임하는 사람이라는 판단을 할 경우 일단 무시하거나 하대하면서 생기는 차별이다. 이것은 순전히 내 개인적인 정의다.

이런 장면을 가장 많이 볼 수 있는 곳은 대형마트이다. 대형마트 계산원들에게 이런 태도로 대하는 '고객님'들이 요즘 부쩍 눈에 뜨인다. 식당에서도 마찬가지다. 주문한 음식이 빨리 나오기를 바라는 것을 넘어, 직원에게 성희롱 발언을 하는 '고객님'들도 많다. 설마 딸 같아서, 아들 같아서 그러는 것은 아니기를 바란다.

처음의 장면으로 다시 돌아가 보자. 지극히 상식적인 손님이라면 "아, 그럼 다음부터는 나 같은 손님이 생기지 않게 리조트 정문에게 안내를 해 주면 좋겠네요."라고 얘기하고 입장을 하면 될 일이다.

그런데 이렇게 상식적인 손님은 그다지 많지 않다. 자기가 돈을 내고 소비하는 서비스에 대한 정당한 요구라고 생각하는 것일까? 아니면 물놀이 공원 반입 금지 물품을 리조트 정문에 큼지막하게 써 붙임으로써 다른 손님들도 편리하게 이용할 수 있게 하려는 공명심일까? 실내 물놀이 공원에 음식물 반입을 금지하는 것은 이미 널리 알려진 상식인데도, '너네 팀장을 불러오면' 이 문제가 해결될 것이라 여기는 그 '고객님'을 어떻게 이해해야 할까?

나는 우리 학교에서 복도와 화장실을 청소하시는 올해 70세 되신 '비정규직 여사님'을 대하는 것이 조금 어렵다. 보통 아침에 출근을 하면 8시 15분쯤 교무실에 도착하게 되는데, 그 시간에 여사님은 이미 학교의 모든 화장실 청소를 마치고 쓰레기를 버리러 나오신다. 허리를 굽혀 인사를 드리고, 교무실로 모셔서 커피를 타드린다. 처음에는 교무실에 들어오시는 걸 너무 어려워하셨는데, 요즘은 그래도 밝은 표정으로 들어와서 커피도 한잔하고 가시곤 한다.

내가 여사님을 어려워하는 까닭은 여사님이 복도를 청소할 때 혹시 지나가면서 청소하고 있는 곳을 밟을까 봐 걱정되기 때문이다. 이건 그분이 무슨 '사회적 약자'라거나 하는 등의 거창한 이유가 아니라, 인간에 대한 예의라는 나의 개똥철학이다. 인간에 대한 예의는 타인이 나에게 했으면 하는 행동과 말을 하는 것 아닌가? 그렇게 생각하면 참 쉬운데…….

예의는 아랫사람이 윗사람에게만 갖추어야 하는 것이 아니다. 나는 사람이 사람을 대하는 상식적인 태도가 예의라고 생각한다. 그것이 서로 간에 지켜질 때, 타인을 존중할 수 있고 나도 타인에게 존중받을 수 있다.

학교에서도 마찬가지이다. 교장은 교감을 대할 때, 교감은 교사를 대할 때 그리고 교사는 학생을 대할 때, '타인이 나에게 했으면 하는 말과 행동'을 하기 위해 노력한다면 학교 구성원이 서로 존중하는 문화는 예상하는 것보다 빨리 완성되지 않을까 싶다. 민주적 학교 문화는 정책이나 매뉴얼로 만들어지는 것이 아니라, 개인들의 마음속에 타인을 존중하는 마음이 생겨날 때 완성되기 때문이다. 그래서 나는 선생님들이 인권 감수성을 키워야 학교가 민주적으로 바뀔 것이라 생각한다.

인권 감수성이란 '사회에서의 부조리나 불합리한 관행 등을 인권 문제의 차원에서 볼 수 있는 성질이나 능력(국가인권위원회 자료)'이다. 여기에서 '사회'라는 단어를 '학교'로 바꿔볼까? 학교에서의 인권 감수성이란 '학교에서의 부조리나 불합리한 관행 등을 인권 문제의 차원에서 볼 수 있는 성질이나 능력'이다. 이렇게 정의하고 볼 때 학교에서 벌어지는 부조리나 불합리한 관행들이 혹시 머리를 스쳐가지 않나? 학교 교육활동을 움직이는 핵심이 교육과정이라고 할 때, 문서로 된 교육과정보다 더 유의미한 것이 이를 수업으로 녹여내는 교사의 인권 감수성이라고 생각한다.

교사의 인권 감수성은 교육과정을 인권 친화적으로 만들어 학생들에게 시나브로 스며들게 하는 것이다. 학생들은 학교에서 머리로만 배우는 것이 아니라 몸으로 체득(體得)하는 것도 많다. 그리고 이렇게 체득한 것들이 더 깊이 남는다. 예를 들어 수업 시간에 교사가 들려준 진솔한 삶의 이야기, 부조리하고 불합리한 학교 현실에 침묵하지 않는 교사의 모습 그리고 학생들의 얘기를 들어주고 또 자신을 완전한 인격체로 대해주던 교사의 태도와 언어 등등 말이다.

좋은 수업의 조건은 무엇일까? 뛰어난 교사의 완벽한 교수 기술일까? 내 생각엔 뛰어난 교사의 완벽한 교수 기술이 빛을 발하기 위한 전제 조건은 인권 친화적인 교사와 학생의 관계다.

학생들은 어느 선생님이 권위적인지, 학교에서 어떤 것이 불합리한지를 몸으로 습득한다. 이러한 것은 교사가 의도적으로 가르치지 않아도 학생들이 알게 되는 것들이다. 학교 문화가 민주적이어야 하는 이유는 민주적인 학교 문화가 곧 중요한 교육과정이기 때문이다. 이러한 민주적 학교 문화를 만드는 주체가 교사인 것은 더 언급하지 않아도 될 것이다.

교사의 인권 감수성은 교사가 자신의 인권(혹은 교권)을 스스로 보호하려는 노력을 하도록 하고, 교사를 존재하게 하는 학생의 인권도 적극적으로 보장할 수 있는 민주적인 학교 문화를 위한 출발점이 된다. 학교 문화가 인권 친화적이어야 하는 또 하나의 이유는 우리가 가르치는 학생들은 모두 노동자가 되기 때문이다. 학생들이 졸업을 하고 사회로 나갔을 때 어떤 일을 하는지, 어디에 사는지, 어떤 옷을 입는지, 어떤 차를 타는지 등 가지고 있는 조건에 의해 차별을 받는 상황이 생긴다. 그때 자신의 존엄을 지킬 수 있도록 하기 위해 학생들은 학교에서부터 인권 친화적인 문화에 젖어 생활해야 하는 것이다.

약자에게 부당한 갑질을 하는 타인에게 분노할 줄 알고, 스스로의 존엄을 지킬 수 있는 시민을 길러 내는 것이 학교 교육의 중요한 목표임을 교사들이 늘 기억했으면 한다.

시
를
수
업
하
는
시
간

8교시, 1학년 여학생들과 함께 윤동주의 〈참회록〉을 수업했다. 영화 〈동주〉를 꼭 한번 보라고 했더니 며칠 새 본 아이들이 꽤 있다. 〈참회록〉과 함께 정지용의 〈유리창 1〉이 함께 교재에 실렸고, 〈참회록〉의 거울과 〈유리창 1〉의 유리의 의미를 설명하는 문제를 풀 차례.

문제를 풀기 전 윤동주와 정지용의 관계를 더 자세히 설명했다. 정지용의 월북에 대한 오해와 그 과정을 설명하고 있는데, '월북'이란 단어를 들은 한 아이가 월북의 의미를 친구들에게 뭐냐고 물은 후 그 뜻을 이해하더니 "미친 거 아니야?"라고 한다.

잠시 숨을 골랐다.

"화났어?"

"……."

"샘은 수업 시간에 그런 표현하는 거 싫어하는데."

"…… 북한으로 갔다고 해서 그랬어요."

"아, 그랬구나. 그런데 샘이 생각하기엔 나와 생각하는 것이 다르고 또 내가 옳지 않다고 생각하는 일을 행한다고 해서 상대방에게 미쳤다고 말하는 것은 바람직하지 않은 일인 거 같아. 더구나 정지용 시인이 살던 시대는 일제 강점기를 지나 전쟁을 겪던 중이었고, 후에 월북이 아니라 피난을 가지 못하고 있다가 결국 사망한 걸로 밝혀졌거든. 중요한 건 나와 생각이 다른 사람을 미친 사람 취급하는 것보다 나와 생각이 다른 사람이라고 해도 그 사람이 생각하는 자유를 탄압받는 걸 두려워하는 게 맞는 것 같은데? 생각은 모든 사람이 다 달라. 지금 여기 샘을 포함해서 37명이 있잖아? 그럼 여기엔 37개의 서로 다른 생각들이 있는 거야. 그런데 지금 샘이 나와 생각이 다르다고 네가 수업을 듣지 못하게 하거나 불이익을 준다면 어떨까?"

"……."

"그런 상황에서 개인을 탄압하는 법이 국가보안법이야(헉, 너무 나갔다 싶었지만 아이들이 사뭇 진지하다). 나의 친구가 생각의 자유를 억압받는다면 함께 싸우는 게 멋진 사람이래. 내가 한 말은 아니고 볼테르라는 사람이 그렇게 말했어."

조용해진 교실.

"1반은 올 한 해 함께 살아야 하잖아? 교실 안에 참 다양한 사람들이 있을 거야. 하지만 단지 나와 생각을 다르게 한다고 그 사람을 배제한다면 그것 역시 폭력이야. 우리, 올 한 해 평화롭게 수업하자, 얘들아!"

어른들도 자신과 생각이 다른 타인을 인정하는 것이 어색한 우리 사회에서 학생들은 어른들의 문화를 공기처럼 흡수한다. 자신의 생각을 자유롭게 표현하는 것에 익숙하지 않고, 심지어 타인과 생각이 다름을 인정하지 못하는 사회의 분위기는 학교에도 여전히 남아 있다. 특히 분단과 관련된 문제에 대해서 아이들은 긍정적인 이야기를 들은 경험이 많지 않을 터이니 더욱 그러하다.

이런 상황에서 '월북은 개인의 선택이므로 좋다, 나쁘다 판단할 대상이 아니다'라고 가르치려 하면 아이들에겐 그저 '지식'만 남을 뿐이다. 월북을 했든 아니든 간에 한 개인의 삶을 이야기할 때 '미친 거 아냐?'라는 표현은 부적절한 것임을 알려 주는 것이 삶과 수업을 이어주는 것이 아닐까 한다.

수업의 목표는 무엇일까? 많은 것을 아는 것? 아는 것을 잘 쓰는 것? 두 가지 다 중요하지만 결국 수업에서 중요한 것은 수업에서 배운 것들을 삶과 연결하여 내 삶의 주인이 '나'라는 것을 알게 되는 것이라 생각한다. 이를 위해 나와 타인의 다름을 이해하는 것, 그것이 곧 인권 감수성의 출발이다.

지난 저녁, 아파트 지하 주차장에 세워 둔 차를 다른 차가 제대로 밀고 가는 바람에 운전석 쪽 앞 범퍼가 많이 망가졌다. 사고를 낸 분이 전화를 해서 내려갔더니, 아무리 내 차가 낡았어도 도저히 그냥 다닐 수 없게 망가진 터라 사고를 낸 운전자의 전화번호를 받고, 다음날 자주 가는 자동차 정비소에 들렀다.

"범퍼를 떼서 수리하고 다시 붙여야겠네요."

"어? 저 내일 원주에 가야 하는데."

"아, 렌터카 쓰시면 돼요. 저희가 연결해 드릴게요."

"고맙습니다."

"그런데 참 대단하세요."

"네? 뭐가요?"

"보통 여자 운전자들은 사고 나면 혼자 안 오거든요."

"네?"

"혼자 안 와요. 남편이나 혹은 오빠라도 함께 오지."

"네?"

"전에 출장 가느라 청주까지 운전해서 가신다 했죠? 그것도 그래요. 그렇게 장거리 운전하는 여자 운전자도 별로 없는데, 선생님은 장거리 운전도 잘하시는 거 같아요."

이게 칭찬인가? 곰곰이 생각해 보니 정비소 직원이 악의를 갖고 한 말은 아니지만, 성역할에 대해서 자기 경험을 바탕으로 편견을 갖고 있는 듯했다. 그래서 직원의 말이 재미있기도 하고 한편으로 의아하기도 했다.

나는 남편보다 3년 먼저 운전면허를 취득했다. 운전면허 필기시험은 큰애 임신 8개월에 합격했고, 도로주행은 큰애 낳고 3개월 정도 있다가 합격했다. 당시 나는 양구에 근무하고, 남편은 춘천에 살고, 큰애는 원주의 친정에 맡겨야 하는 상황이라서 차를 사지 않을 수 없는 그야말로 불가항력의 상황이었다.

운전면허를 취득하고 바로 다음날 중고차를 한 대 샀다. 그것도 수동기어 변동식으로 말이다. 차를 사고 난 다음날에는 거리상으로는 67킬로미터지만 소양강 줄기를 따라 굽이굽이 이어지는 길로(예전에 군사용 도로였다는 바로 그 예산 소양강변 도로) 비상등을 켜고 차를 운전해서 학교로 갔다.

학교에 가서 그저께 면허를 따고, 어제 차를 사서 오늘 갖고 들어왔다 했더니 교무실에 있던 남자 선생님들이(남자 선생님들만 있었음) 다 놀랐다. 그중에서 이미 환갑을 바라보던 남자 선생님께서 "대단하네, 여자가 겁도 없이. 앞으로 김현진은 못 할 일이 없겠네."라며 저녁에 찐한 세리머니를 해 주셨던 기억이 떠오른다.

차를 고치러 혼자 가는 여성 운전자, 장거리 운전을 하는 여성 운전자, 면허 취득 후 다음날 바로 차를 끌고 장거리 험한 길을 운전해서 오는 여성 운전자. 뭐가 이상한가? '운전자' 앞에 굳이 '여성'을 붙여가며 놀라고 대단해하던 문화가 20여 년 전이나 지금이나 다를 바 없는 게 더 이상하지 않나? 여교사, 여기자, 여군, 여검사, 여의사, 여직원, 여경 등 비단 남과 여를 구분하는 것이 아닌 차별적 표현들, 우리는 여성, 남성 이전에 '인간'인데…….

차를 고치러 혼자 가고, 장거리 운전을 별로 두려워하지 않는 건 나, 김현진의 개인적 성향일 뿐이다. 내가 여성임에도 불구하고 (남성만 할 수 있을 것 같은) 그 일을 해내는 특별한 여성이 아니라, 나는 저런 일을 별로 두려워하지 않는 기질을 갖고 있는 사람일 뿐이다. 나는 벌레도 잘 잡는다(귀뚜라미 빼고). 욕실 하수구 청소도 직접 한다. 전등이 망가지면 전구도 내가 직접 바꾼다. 무거운 짐은 손이 모자라지 않는 한 내가 다 옮긴다.

남편도 가사노동을 별 거리낌 없이 한다. 심지어 반찬도 맛있게 만들고 국도 나보다 더 맛깔나게 끓인다. 그래서 장거리 출장을 갈 때 미리 반찬을 해두지 않아도 별 걱정 없다. 물론 우리 부부가 춘천에 아무 연고도 없었기에 가족이나 타인의 도움 없이 육아와 가사를 둘이서 온전히, 전쟁을 치르듯 해낸 결과이기도 하다.

남편도 처음부터 육아와 가사를 거리낌 없이 하던 사람은 아니었다. 심지어 30대 초반엔 마트에 가도 주차장에 차를 정차하고 내리지 않았던 흑역사를 갖고 있다. 그러던 어느 날, 큰애가 초등학교 1학년, 둘째가 세 살 때였던 것으로 기억한다. 밥을 먹고 설거지를 하고 있는데 남편이 그냥 텔레비전만 보고 있기에 한마디했다.

"여보, 설거지는 내가 얼마든지 할 수 있는데, 딸 둘 키우는 입장에서 당신 같은 배우자를 만나면 딸들 삶이 좀 힘들지 않을까? 사위가 육아고 가사고 함께 하지 않는 남편이면 당신 어쩔 거야?"

이후 남편은 조금씩 변했다(진작에 나를 위해 좀 바뀌시지). 그래서 오늘날 '보기 드문(남편 주변 사람들 사이에서는)' 남편과 아빠로 소문이 나 있다.

여자라서, 남자라서 차이가 나는 것은 내 생각엔 성적 차이뿐이다. 나머지 차이는 그냥 개인차일 뿐이고. 그걸 남성성, 여성성으로 묶는 것 자체가 위험하고도 단순한 구분일진대, 아직까지 그런 구분들이 많다. 학교에서도 그렇다. 아직도 학생 개인을 여학생, 남학생이라는 집단적 단어에 가두고 보는 경우가 여전하다.

누가 무슨 일을 하건, 어떤 일을 해내건 그냥 그 사람이 하는구나 생각했으면 좋겠다. '여자가? 남자가?'라는 그런 프레임 말고 그냥 그 사람이 그렇구나, 라고 말이다. 아무리 봐도 주차가 불가능한 주차구역에 주차를 하는 나를 보고 "오~ 여자치고 주차 진짜 잘하네요. 우리 집사람은 직진밖에 못하는데."라던 동료 남교사의 말이 나는 불편하다. 그런데 이런 말을 들을 때의 불편함을 더 많은 사람들이 느끼면 좋겠다.

나는 그냥 차가 망가져도 혼자 정비소에 가고, 혼자 장거리 운전도 잘하고, 주차하기 어려운 곳에 주차도 잘하는 김현진일 뿐이다.

인천에 다녀오는 길에 선배가 포스팅한 '휴거' 관련 기사를 읽었다. 처음에는 종말론적인 내용의 아이들 놀이인가 해서 기사를 열었는데, 다소 충격적인 내용에 기사를 읽고 또 읽었다.

휴거는 '휴먼시아 거지'의 줄임말로, 토지주택공사에서 짓는 아파트 브랜드인 휴먼시아 단지 내의 임대 아파트에 사는 아이들에 대한 일종의 '혐오' 발언이었다. 2016년쯤 회자되던 말인데, 요즘은 '빌거'라는 말까지 나왔다고 한다. 빌거는 아파트가 아닌 '빌라에 사는 거지'라는 뜻이란다.

나는 특정 부분에 매우 예민한 사람이다. 예민함의 이면적 의미는 소심하다는 의미이기도 하다. 나를 직접 만나봤거나 나의 글을 읽었던 분들은 뜨악한 반응을 보이실 테지만, 실제로 나는 그런 사람이다. 휴거 기사는 내 어린 시절을 떠오르게 하면서 마음 한구석을 서늘해지게 했다.

나는 참 가난하게 살았다. 초등학교 시절 전학을 무려 3번이나 다녔는데, 다행인지 불행인지 졸업은 입학했던 학교에서 할 수 있었다. 지금은 나름의 소신(?)과 경제적 이유 때문에 무주택자이지만, 어린 시절에도 나는 늘 무주택자의 자녀였다. 가정환경을 조사하는 종이엔 항상 '사글세'라고 표시했다.

그 시절, 집안에 수세식 화장실이 있거나 욕실에 온수가 충분히 나오는 집에서 산 적이 없었다. 욕실이 없다 보니 겨울에는 씻는 게 큰 문제였다. 연탄아궁이 위에 뚜껑을 올려놓으면 물이 따뜻하게 데워지는 파란 플라스틱 온수통의 온수는 먼저 사용하는 사람이 임자였다. 드라마 〈응답하라 1988〉의 덕선이와 보라가 머리를 감을 때 싸우는 장면을 보며 나는 피식 웃었다. 내 어린 시절을 떠오르게 했기 때문이다. 그런데 온수만 확보하면 무슨 소용이 있나? 한겨울에도 바깥에 있는 수돗가에서 머리도 감고 세수도 해야 했는데. 아, 다시 생각하니 그때의 찬 기운이 느껴지는 듯하다.

나의 부모님은 지금도 휴먼시아 임대 아파트에 사신다. 보증금이 1800만 원 정도이고, 월세가 한 달에 20여 만 원 정도이다. 월세 외에 관리비와 난방비는 별도로 낸다. 작년엔 전 세대의 보일러를 교체해 줬는데 난방효율 4등급짜리인 걸 보고 '이 사람들은 도대체 무슨 생각으로 저소득층 주택 공급 사업을 한다는 거지?'라고 화가 났었다. 오히려 임대 아파트일수록 열효율이 높은 보일러로 교체해 주어야 하는 것 아닌가. 아주 추운 겨울이면 20평 아파트의 도시가스 사용료도 거의 20만 원 정도 나온다. 그래서 노인들은 가스비가 아깝다고 평소에는 꺼놓고 있다 자녀들이나 손주들이 가야 그나마 보일러를 가동한다. 그러니 겨울에도 마음 놓고 보일러를 틀 수 있도록 이왕이면 열효율 높은 보일러로 해 주는 게 낫지 않냐 말이다.

몇 년 전, 내가 사는 지역에도 휴거 기사와 매우 유사한 일이 있었다. 상황이 똑같다. A초등학교 근처에 고급 아파트와 임대 아파트가 함께 있는데, 학구를 분리해 달라는 민원이 들어간 것이다. 믿거나 말거나지만 결국 고급 아파트 지역 보호자들이 모인 자리에 교육장이 참석하여 양해를 구했다는 얘기를 들었다. 최근에도 휴먼시아 아파트 단지에 입주한 주민들이 임대 아파트와 차별화된 게 없다고 해서 분양받아 입주한 휴먼시아 아파트 입구에만 출입통세기를 달았단 얘기도 들었다.

나도 한때 좋은 지역에 가야 수준 높은 이웃을 만나고, 그 이웃이 내 자녀의 문화 자본이 될 거라는 생각을 한 적이 있다. '빚을 내서라도 고급 아파트 단지로 이사 갈까?'라는 유혹도 있었다. 물론 금방 접었지만 말이다. 예전에는 이런 얘기를 들으면 '제정신이 아니군' 하고 넘어갔는데, 부모가 무주택자라 내 딸들도 혹시 저런 설움을 겪으면 어쩌나 하는 생각이 들 때도 있다.

　이런 일들을 뭐라고 설명할 수 있을까? 솔직히 초등학교 저학년 정도의 아이들이 뭘 알까 싶은 내가 순진한 것인가? 아니, 나는 그냥 순진한 사람이 되련다. 아이들은 처음엔 자기들이 사는 집과 자기 부모의 경제적 수준 그리고 부모의 직업이나 다른 친구들의 조건에 그다지 관심이 없었을 것이다. 하지만 사는 집, 차, 부모 직업 그리고 기타 등등에 대한 어른들의 이야기를 들으며 은연중에 알았을 것이고, 아마도 '나와 다른 물리적 조건의, 그 조건이 나보다 부족한 조건'일 경우 '걔네들이랑은 놀면 안 돼!'라는 암묵적 '교육'을 받지 않았을까 하는 상상을 해 본다.

　휴먼시아 거지, 빌라 사는 거지 등의 말이 나오는 현상은 단지 임대 아파트냐 아니냐, 아파트에 사느냐 빌라에 사느냐의 문제가 아니다. 이 문제를 임대 아파트와 분양 아파트 사이에 담을 올린다거나 단지 내에 학교를 따로 짓는다거나 학급 편성을 따로 하는 등의 방법으로 해결하지 않기 바란다.

　언어는 사고를 지배하기도 한다. '거지'라는 말은 이미 사회적으로 부정적인 의미이다. 이 부정적인 단어를 여러 번, 그것도 또래들에게 듣고 자란 그 아이들도 '국민'이다. 이번 이슈로 국가가 국민을 위해 무엇을 해야 하는지를 다시 한번 고민하는 계기가 되면 좋겠다. 사람이 자기가 사는 집 때문에 타인에게 모멸감을 느낀다면 그것은 건강하지 않은 사회이다. 그 누구도 사는 집 때문에 타인에게 차별받을 이유는 없다.

✾

추신   나는 초등학교 4학년 때부터 대학을 졸업하고 나서까지 산동네에 살았다. 공동 수도를 쓰고, 장마가 오면 벽과 바닥에 물이 스며 늘 축축했던 그 집. 초등학교 시절 내내 썼던 일기장을 담아둔 라면 박스가 다 젖어 울었던 그 집. 빛이 들지 않아 항상 어두컴컴하고, 바람이 세게 부는 날이면 지붕이 무너지지 않을까 걱정을 했던 그 집. 얼마 전 초등학교 반창회에서 우리 집에 자주 놀러왔던 친구가 기억해내서 창피했던 그 집. 그 집, 그 동네는 아직 있을까?

'까칠한 아기 두 명이 타고 있어요.' 자동차 뒷유리에서 흔히 볼 수 있는 스티커이다. 점심 약속이 있어서 외출했다 들어오는데, 신호대기 중 내 앞차 뒷면에 붙어 있던 스티커이기도 하다. 내가 사는 아파트 주차장에 늘 서 있는 차에 붙은 '이 안에 까칠한 내 새끼 있으니 조심하슝'보단 그래도 낫다.

저런 차 뒤에서 신호대기 중일 땐, 내려서 '그래서 뭐 어쩌라고요?'라고 묻는 상상을 한다. '저렇게 까칠하면 밖에서 어떻게 놀지?'라는 생각도 든다. 첫아이를 키울 무렵 자녀의 기질을 파악하고 그것을 있는 그대로 존중하라는 육아 방법이 유행했는데, 아이를 다 키우고 난 지금은 '그게 정답일까?'라는 의문이 생긴다.

차량용 스티커에 붙은 내용처럼 자녀를 보호하며 키우는 문화가 과연 언제부터 존재했을까? 현재 30~40대의 부모들이 저렇게 양육된 세대는 아닐 텐데, 주변의 학부모나 딸 아이 친구의 부모들 중에 (내가 생각하기에) 과하게 자녀를 '방어만 하는' 부모들이 꽤 있다. 부모들이 자기 방어적으로 자녀를 키우는 것은 그들을 둘러싼 사회의 요인이 크다. 시대가 변하면서 부모들은 외부의 위험한 상황에 대해 자녀가 스스로 방어하는 힘을 갖도록 키우는 것에 전념할 수밖에 없다.

학교폭력에 관련된 것만 생각해 봐도 그렇다. 기존에 아이들끼리 투닥투닥 싸우던 것이 '학교폭력'이란 말과 '학교폭력 예방 및 대책에 관한 법률'이 학교에 들어오고 난 이후에는 하나의 '범죄 사실'이 되는 시대가 되지 않았는가? 그러니 부모 입장에서는 자녀를 스스로 방어하는 힘을 갖도록 키울 수밖에 없다.

예전에 우리 엄마, 할머니들은 '내 새끼'라는 말을 자주 했었다. 그 시대의 사회와 맥락을 생각해 보면 지금 젊은 부모들이 사용하는 '내 새끼'라는 말과 조금 다른 의미인 것 같다. 요즘 사용되는 '내 새끼'라는 말은 '이 안에 까칠한 내 새끼 있으니 조심하숑'과 같은 맥락이 훨씬 강하다. 그래서 부모들은 자녀에게 닥치는 위험요소를 큰 틀에서 개선할 방법을 찾기보다는 자녀에게 생기는 위험한 상황만 제거해 주는 것에 급급한지도 모른다.

더불어 노키즈존에 대해 생각해 본다. 노키즈존의 사전적 정의는

'음식점, 카페 등에서 어린이들의 출입을 금지하는 곳을 의미하는 대한민국의 신조어(출처: 위키백과)'이다. 그런데 부연 설명에 이러한 내용이 추가되어 있다.

'자신의 아이에 대한 과도한 옹호적 관점을 지닌 부모들이 공공장소에서의 몰상식한 행동들로 타인에게 다방면의 피해를 주는 일들이 다량으로 발생하였다. 그로 인해 사람들의 반감이 극대화되어 그를 겨냥한 시장의 변화라고 볼 수 있다. 개인의 시간과 공간이 침해받지 않을 권리를 중시하는 사회적 분위기가 적용된 변화이다.'

줄여서 말하자면 '공공장소에서 타인의 시공간을 침해하는 자녀의 행동을 제어하지 않는 부모들에 대한 반감이 노키즈존을 만들었다'이다. 문제를 해결하는 방법으로 '금지'의 방법을 사용한 것이다. '아이들이 들어오지 못하게' 하는 빠르고 간단한 방법으로 말이다.

금지는 우리 사회에서 어떤 문제를 해결하는 데에 많이 쓰이는 방법이다. 학교에서의 휴대전화 수거도 그렇고, 교복 위에 겉옷을 입지 못하게 하는 것도 그렇고, 학생이라는 이유로 화장을 하지 못하게 하는 것도 모두 금지의 방법이다. 문제는 금지의 방법이 문제를 가려주기는 할지언정 원인을 해결해 주지는 못한다는 것이다.

노키즈존 운영이 아동을 차별한다는 국가인권위원회 결정문에는 유엔의 아동의 권리에 관한 협약 제31조 휴식, 여가, 놀이, 오락활동,

문화활동, 예술에 관한 아동 권리에 대한 일반논평을 예로 들었다.

> '아동은 사회적 배제, 편견, 또는 차별로부터의 자유 등을 보장받아야
> 한다. 그러나 전 세계적으로 공동체나 공원, 쇼핑몰 등에 대한 아동의 출
> 입 제한 조치로 인해 아동은 문젯거리, 문제아라는 인식이 형성됨이 우
> 려되고, 이러한 아동에 대한 배제는 아동이 시민으로서 성장하는 데 중
> 대한 영향을 미친다고 강조한 바 있다.'
>
> ─ 국가인권위원회 전원위원회 결정(2017년 11월 24일)

나는 이 결정문의 마지막 문장에 주목한다. 아동이나 청소년의 행
위를 금지하거나 그들을 배제하는 것은 그들이 시민으로 성장하는
데 중대한 영향을 미친다. 국가인권위원회의 판단은 노키즈존이 '아
동' 집단을 사회적 공간에서 모두 배제하는 방향으로 가고 있고, 일
종의 낙인 효과가 생길 수 있다는 것에 제동을 건 것이라고 본다.

이론상으로는 혼자서는 살아갈 수 없다는 인간의 사회성을 얘기
하면서 우리는 언제부터인가 자녀와 학생들에게 관계 속에서 문제
를 해결하는 방법을 가르치지 않는다. 그것은 시간이 오래 걸리고
쉽지 않기 때문이다. 그래서 '까칠한 내 새끼 있다'처럼 스스로를 공
동체로부터 배제하는 방법으로 편하게 해결하려 한다.

상상해 보자. 까칠한 개인들이 자기 말만 하고 타인과 소통하지
못하고 섬처럼 둥둥 떠다니는 사회의 모습을. 그런 사회에서 인권을

애기한다는 것은 모순이다. 인권은 건강한 시민이 모여서 떠드는 것에서 시작하기 때문이다.

앞에서 말한 저 스티커의 기원은 아마도 'Baby In Car'에서 왔을 것이다. 차에 아기가 타고 있다는 안내문은 '까칠한 내 새끼 있으니 조심하슝'의 의미가 아니라는 것을 우리는 알고 있다. '까칠한 내 아이'에게 접근하지 말라는 방법으로 아이를 보호하는 것은 왜곡된 개인주의이다. 개인주의는 자기만 생각하는 것이 아니다. 진정한 개인주의는 개인이 자신을 제대로 세우고 건강한 개인이 되어 사회의 공동체성을 키울 수 있게 하는 가장 좋은 방법이라고 감히 정의를 내려본다. 이를 위해 나는 학교에서, 교사로서, 무엇을 하고 있는가?

열여덟 살 한 소년이 터키 칼리스에서 사라졌다. 경찰은 이 소년이 이슬람 극단주의 무장단체 '이슬람국가(IS)'에 자발적으로 가담하러 간 것이라고 잠정 결론지었다.

신문 보도에 따르면 김 군은 중학교를 중퇴한 후 은둔형 외톨이에 가까운 생활을 했다고 한다. 김 군과 터키에 동행했던 홍 목사는 지인에게 보낸 문자메시지에서 '아이(김 군)가 학교폭력 등을 겪으며 6년 동안 부모에게까지 마음을 닫고 지냈다'고 밝혔다.

김 군은 출국 전날 자신의 페이스북에 '난 이 나라와 가족을 떠나 새 삶을 살고 싶어'라는 글을 남겼고, 터키로 떠나기 전에 SNS를 통해 IS 가입 절차를 진행했다고 한다. 이런 조사를 토대로 서울지방경

찰청 국제범죄수사대는 김 군이 자발적으로 시리아 접경지역에 갔다는 수사 결과를 발표했다.

이 기사를 읽고 나니 쓸쓸함이 밀려온다. 이슬람 지역 분쟁을 논하기엔 내 지식이 매우 짧아 김 군의 선택에 대해 옳다 그르다의 판단을 할 수는 없다. 다만 기사의 행간에서 김 군이 IS 대원이 되기로 결심하기까지 보이는 학교의 풍경이 자꾸 눈에 밟힐 뿐이다.

기사에 의하면 김 군은 시리아로 가기 전까지, 다양한 종류의 학교폭력에 노출된 피해자로 살아왔다. 6년 동안이나 부모에게조차 마음의 문을 닫고, 철저하게 은둔형 외톨이로 살았다는 김 군이 자신의 존재를 인정받은 곳은 바로 가상의 공간이었다. 이건 게임도 아니고 현실이었다. 능숙하지 않은 영어와 아랍어인데도 그들은 친절하게 답해 주었고 김 군은 어쩌면 생에 처음 자신의 존재를 인정받는 기쁨을 맛보지 않았을까? 그것을 온몸으로 느끼기 위해 IS 대원이 되겠다고 머나먼 이역만리 시리아까지 떠난 게 아닐까?

극단적 이슬람 주의자들이 어떤 일을 하는지에 대한 정보는 주로 미국의 시각에서 걸러진 것 중심으로 접할 수밖에 없는 우리 현실에서, 열여덟 살 김 군에게 그들은 마냥 친근하기만 한 대상은 아니었으리라. 유튜브에서 잔인한 참수 동영상도 봤을 것이다. 외로웠을 것이고, 무서웠을 것이다. 그런데도 김 군은 그들에게 갔다.

김 군이 시리아로 떠나고 싶게 했던 그를 둘러싼 공기. 나는 그것이 사회와 학교에 만연한 폭력적인 공기라는 생각이 든다. 학생 사이의 폭력적 공기 외에도 교사 문화에 내재한 민주적이지 못한 학교 문화도 아이들에게는 보이지 않는 또 다른 교육과정이기 때문이다. 그 공기와 문화에서 김 군은 견뎌내고 저항했지만 결국 패배감만 느꼈을 것이다. 그리고 잠시라도 승리감을 맛보기 위해 그 머나먼 시리아로 떠난 것이리라. 이것은 어디까지나 내 상상이다.

학교는 연약하다. 처음에는 강하고 절대적인 존재였는데 어느 순간부터 서서히 그 존재감에 금이 가고 무너지더니 이제는 아예 연약한 존재가 되었다(이 말이 소위 '교실 붕괴'를 말하는 건 아니다). 그러나 아직 학교 안의 사람들은 그것을 인정하지 않는다. 학교가 사회에 이겼다 졌다의 문제가 아니다. 학교의 속성이 변했음을 인정하고 힘을 빼면 오히려 쉽게 문제가 풀릴 수 있는데, 아직 학교는 그걸 인정하지 않는다. 그러다 똑 하고 부러지는 학교도 있다.

반면에 학교 밖의 사람들은 겉으로는 아직 학교를 강하다고 우러러보면서도, 마음속으로는 이미 학교를 만만한 존재로 규정하고 있다. 그러면서도 그들은 학교에 많은 것을 요구한다. 결국 자신이 강한 줄 아는 학교는 이 요구를 다 수용하려 허세를 부리다가 여기저기서 문제가 뻥뻥 터진다. 그 중 한 가지가 학교폭력을 해결하는 학교의 모습이다.

학교폭력은 절대 학교만의 문제가 아니며, 학교 혼자 해결할 수 없다. 가정이 해체되고 가장 기초적인 돌봄조차 제대로 받지 못한 아이들이 모여 그나마 억눌린 감정을 배설하는 곳이 학교가 되었기

때문이다. 물리적 폭력이건 정서적 폭력이건 타인을 무시하는 말이
건 학교에선 학교 구성원의 숫자만큼의 폭력이 자행된다는 말이 지
나친 표현이 아니다.

선배 교사가 옛날 얘기만 무용담처럼 늘어놓으며 요즘 젊은 교사
들이 문제라고 후배 교사 탓하는 것을 보면 답답하다. 지금 학교의
모습은 무용담만 늘어놓는 선배 교사 같다.

지금, 바로 여기에서 무엇을 하느냐가 중요하다. 과거에 머물러
현재와 미래를 붙들고 있어서는 문제를 해결할 수 없다. 빨리 인정
하자. 이런 문제들을 학교 혼자 해결할 수 없으니 같이 해결해 보자
고 말이다. 못하는 걸 못하겠다고 솔직히 인정하고 그럼 어떻게 해
야 할지 상의하는 태도만큼 문제 해결에 도움이 되는 것이 어디 있
겠는가.

학
교
는

무
엇
을

하
기

위
한

곳
인
가

내일은 현장체험학습의 날이다. 우리 반 37명
은 오전에 E여대를 탐방하고, 오후엔 드넓은 서울에서 모둠별로 테
마 여행을 하기로 했다. 지방의 일반고 고교생들에게 대학 탐방은
나름의 의미가 있다. 그래서 많은 학교가 대학 탐방을 가고, 또 대학
에서도 탐방 프로그램을 운영한다(내신 1등급에 2등급 초반은 되어야 인
서울을 하지만, 그래도 아이들은 서울권 대학 진학을 대부분 희망한다).

하지만 이번 체험학습은 조금 무거운 마음으로 가게 될 것 같다.
우리 반은 원래 40명인데 3명이 가지 않겠다고 한다. 지난번 큰 수술
을 받은 H는 아직 회복 중이라 못 가고, 마음의 병을 앓고 있는 Y도
가지 않겠다고 했다(사실 더 복잡한 이유가 있다). H와 Y는 안 갈 거라고

예상했지만 S는 의외였다. S의 현장학습 불참을 계기로 그 친구가 갖고 있는 마음속 상처를 알게 되었다. 지금이라도 알아 다행인가? 아니면 내가 너무 늦게 안 것인가?

"선생님, 저 체험학습 안 가려고요."

"어? 왜?"

"……."

"친구들이랑 싸웠니?"

"……."

"서울을 가는 게 두려워?"

"……."

"친구들과 모둠 구성 아직 못 했지?"

나는 좀 강하게 설득했다. 고교 시절 마지막 소풍이다, 안 가는 게 오히려 너에게 부정적인 상황을 생기게 할 수 있다 등등의 이야기를 일방적으로 했다. 그러나 S는 설득당하지 않았다. 마지막으로 S에게 물었다.

"부모님과 얘기했니?"

"네, 엄마도 그러라고 했어요."

보통 엄마들이 소풍 가지 말라고 하는 건 드문 일인데 이상했다.

"그래? 그럼 선생님이 엄마한테 확인을 해 볼게." 하며 교무실로 갔다. 잠시 후 S가 다시 나에게 왔다.

"선생님, 엄마와 통화하지 말아 주세요. 현장학습 같이 갈 모둠을 찾아볼게요."

그러나 이미 나는 S의 엄마와 통화를 한 후였다. 역시나 S는 부모님께 말하지 않은 상황이었다. S의 엄마에게는 S가 함께 체험학습을 갈 수 있게 얘기를 잘해 주십사 부탁했다. 그리고 전화를 드린 김에 S가 학교 친구들과 잘 어울리지 못하고 있다고 언제 한번 시간 내어 학교에 오시면 좋겠다 얘기를 했다.

나는 체험학습 때 S가 들어갈 모둠을 찾아봤지만 구하질 못했다. 모둠 대표들을 하나씩 불러 S와 함께 할 수 없겠냐고 물었지만, 다들 S와 친하지 않고, 친해지기도 어려워 같이 다니기 힘들다는 것이다. 여고생들에게 갑작스러운 관계를 강제할 수 없는 노릇이니⋯⋯.

며칠 후 다시 S를 불렀다.

"어떻게 하기로 했어? 모둠은 찾았니?"

"⋯⋯."

"어떻게 할까? 넌 어떻게 하고 싶어?"

"⋯⋯."

7교시 시작종이 울렸지만 아무래도 그냥 넘길 일이 아니다 싶었다. 7교시 교과 선생님께 양해를 구하고 S를 데리고 조용한 공간으로 갔다.

"S야, 선생님은 다 같이 현장학습에 가고 싶어. 그래서 그저께 좀 강하게 설득한 거야. 널 혼내는 것도 아니고, 같이 가고 싶어 그랬어. 혹시 속상했니?"

"아니오."

"그래? 그럼 이제 선생님이 할 수 있는 건 다 했는데, 어떻게 할까?"

"……."

"한 가지 물어봐도 돼?"

"네?"

"집에서 이런 얘기를 부모님과 했어?"

"네, 집에선 모든 얘길 터놓고 다 해요."

"그렇구나, 아버지는 어떤 분이셔? 다정하셔? 아니면 무뚝뚝하셔? 아니면 욱하는 성격이야?"

"아빠는 다정한 분이에요."

"그래, 아빠와도 이번 일을 얘기했겠네?"

"아빠는 다정한 분이에요." 하더니, 갑자기 대성통곡을 한다. 당황스러웠다.

"왜 아빠 얘기에 우는지 물어봐도 돼?"

그냥 운다. 한참을 울다 조금 진정되었는지 S가 겨우 말을 이었다. S의 말인즉, 자신이 친구 관계를 잘 맺지 못하는 걸 부모님께 말하지 않았단다. 자신이 힘들어하는 걸 보고 부모님이 속상해할까 봐 몇 번 울음이 나오는 걸 참았단다. 선생님 앞에서는 괜찮다고 얼마든지 울라고 했다. 그랬더니 정말 꺼억꺼억 운다.

S는 친구들과 전혀 어울리지 못했다. 그녀의 기억은 춘천으로 이

사 오기 전, 같이 등교할 친구도 있고 자신의 집에 매일 놀러오는 친구도 있어서 행복했던 그 시절에 머물러 있다. 전학을 온 후 S는 친구와 깊이 사귈 수가 없었단다. 친구에게 상처받으면 그것에만 신경을 쓰느라 아무것도 할 수가 없어서 어느 정도 친해지다 갈등이 생기면 자신이 먼저 마음을 닫는다고 담담하게 말했다. S와 그나마 교류가 있는 아이들에게 물어봤는데 같은 얘기를 했다. S가 어느 정도 친해지면 갑자기 마음을 확 닫는다고.

무엇이 S의 마음을 저렇게 닫게 했을까? 조심스레 짐작하건대 이건 S가 갖고 있는 속 상처가 겉으로 나타나는 결과물일 뿐이란 생각이 든다. S의 마음의 문을 닫게 한 속 상처는 무엇일까? 결국 S는 현장학습에 불참하기로 했다. 내가 무조건 함께하자고 하는 것도 S에게 버거워 보였기 때문이다. 다음 주 중에 부모님에게 시간 내어 학교에 오시라 말씀드리라 하고 S를 교실로 돌려보냈다.

퇴근하려는데 S가 교무실로 왔다.

"선생님……."

"어?"

"아까 상담해 주셔서 감사해요."

"뭘, 그게 선생님이 하는 일인데. 그래도 같이 못 가서 선생님은 아쉬워."

"아니에요. 선생님 고맙습니다. 현장체험 재미있게 다녀오세요."

고맙다고? 이건 내가 들을 말이 아닌데……. 짠하다. 내가 S의 담임 선생님인 동안 S가 갖고 있는 속 상처를 조금만 낫게 해 주고 싶었다. 낫게 해 주는 게 안 된다 하더라도 S가 자신의 속 상처를 들여다보는 계기라도 마련해 주고 싶었다.

이것이 가능하기 위해서는 교사와 학생의 온전한 만남이 가능해야 하는데, 그러기에 학교의 조건이 매우 열악하다. 비좁은 교실에 덩치 큰 학생들 40여 명이 앉아 있다는 식상한 이야기는 말할 것도 없고, 학교의 물리적 및 정서적 조건은 전인격적 관계를 맺기에 적합하지 않다. 교사에게 부과되는 과중한 업무도 학교에서의 온전한 관계 형성의 걸림돌이다. 그런데 학교 밖에서는 학교의 상황은 고려하지 않고 교사와 학생이 인격적으로 만나야 한다고 규정하며, 그렇게 못 하면 '학교는 뭘 하고 있냐'라고 비난한다. 그럼 어떻게 해야 할까?

문제를 해결하는 가장 쉬운 방법은 처음으로 되돌아가 질문을 던지는 것이다.

'학교는 무엇을 하기 위한 곳인가?'

교육을 하기 위한 곳이다. 하지만 교육을 방해하는 것들이 너무나 많다. 최근 몇 년간 학교에서 '혁신'을 참 많이 이야기한다. 조금 과격한 생각이지만, 방해가 되는 요소들을 하나씩 찾아서 도저히 쓸 수 없는 것은 들어내고, 쓸 만한 것은 고쳐서 쓰는 것이 혁신 아닐까?

또한 학교 혁신은 학교 문화를 인권 친화적으로 바꾸기 위해서도 매우 중요하다. 왜냐하면 학교 혁신은 민주적 학교 문화를 기반으로 하며, 민주주의는 구성원 간의 대등하고 원활한 의사소통에서 출발하기 때문이다. 구성원 간의 원활한 의사소통은 서로의 인권을 존중하는 문화에 기반한다. 결국 학교 구성원 간의 원활한 의사소통은 학교를 건강하게 만들고, 이는 교사와 학생 간의 관계에도 예외는 아니다.

그래도 한 가지 감사한 것은 S가 처음으로 먼저 와서 자신의 감정을 표현했다는 것이다. 나는 그냥 들어주고 현장학습에 같이 가자는 말을 한 것 외엔 특별히 S에게 해 준 것이 없어서 조금 멋쩍다. 이제 S와의 원활한 의사소통이 시작되는 것일까? 내일 현장학습은 조금 가벼워진 마음으로 다녀올 수 있을 것 같다.

후배 예비 교사들의 중등 임용시험 2차 수업 실기 지도를 지원하기 위해 근무하고 있는 학교의 국어과 교사들과 함께 학생들을 지도하기로 했다. 내가 근무하고 있는 학교는 국립 사범대학 부설고등학교인데, 이 학교에 근무하는 본연의 임무를 하게 돼서 기꺼운 마음으로 요청에 응했다.

수업 실기 시험은 수업 제재로 어떠한 과목이나 내용이 나올지 모르기 때문에 국어과 과목별로 고르게 수업해 본다고 했다. 수업 제재의 내용에 대한 것은 주로 전공교수들이 지도해 주고, 우리 학교 교사들은 어조, 억양, 속도 그리고 현장에서 수업하면 일어날 수 있는 상황 등에 대한 조언을 했다.

나도 처음 해 보는 일이라, 뭘 어찌해야 하나 고민하다 수업 실기 지도 경험이 많은 선배 선생님과 함께 첫 시간을 보냈다. 실기는 주어진 자료로 지도안을 즉석에서 짜고, 그것으로 15분간 수업 실연을 하는 방식이다.

나도 떨리는데, 앞에서 시연하는 예비 교사는 얼마나 떨릴까? 더구나 강원도 교육청은 이번(2017학년도 기준)에 1차에서 2배수를 뽑았다는데, 그 이유가 수업 실연으로 변별력을 높이기 위해서란다.

드디어 첫 번째 선생님이 수업 실연을 위해 강의실 앞에 섰다.

"관리번호 1번. 지금부터 수업을 시작하겠습니다."

나는 내 귀를 의심했다. '관리번호 1번이라고? 그게 무슨 말이지?'라고 생각하던 찰나, '아차, 공정한 평가를 위해 누구인지 신분을 밝히지 않는 거구나'라고 정신을 차렸다.

앞에 선 예비 졸업생은 매우 능수능란하게 수업 실연을 했다. 마치 앞에 학생들이 실제로 있는 것 같은 착각을 불러일으킬 정도였다. 나는 저 나이에 저렇게 떨지 않고 수업을 할 수 있었을까 하는 부러움이 생길 만큼 잘했다. 15분간의 수업 실연이 끝나고, 어줍지 않은 조언을 하며 이렇게 마무리했다.

"수업 실연 잘하셨어요. 제가 선생님 나이였을 때를 떠올리니 저는 그냥 시험에 합격하고 아무런 준비도 하지 않고 있다가 발령받고 국어 교사가 된 것 같아 부끄럽기도 하네요. 그런데 저는 처음에 선생님이 관리번호 1번이라고 하실 때 너무 놀랐어요. 하지만 생각해 보니 왜 그렇게 하는지 이해할 수 있었어요. 그럼에도 불구하고 선생님들이 숫자로 대상화되는 것 같아 씁쓸하기도 합니다. 최선을 다해 15분을 준비했을 텐데 혹시 결과가 좋지 않더라도 너무 절망하지 않기를 바랍니다. 선배로서 이 말밖에 못하는 것도 미안하네요."

오후 내내 수업 실기 지도를 하면서, 과연 교사에게 필요한 것은 무엇일까 생각했다. 교과 지식? 이건 당연한 것이니 더 이상 얘기할 것이 없다. 교대나 사대 입학생들의 성적은 상위권이니, 그들에게 '지식'을 요구하는 건 큰 의미가 없다고 본다. 사교성? 이것은 왜곡되어 공(公)과 사(私)를 섞는 교사가 많아 세세하게 짚을 일이다. 열정? 이건 좀 낡은 것이다. 열정은 자칫, 자기 없는 헌신이 되어 오히려 교사 자신과 학생을 더 힘들게 할 위험이 있다. 사명감보다는 차라리 건강한 직업의식이 더 낫다.

몇 년 전 강원도 초등 임용시험에 합격하고 1지구 시지역(1지구는 대부분 춘천, 원주, 강릉을 의미한다)에 신규 발령받은 초등교사 18여 명 중 8명 정도가 1년 만에 타지역으로 임용시험을 다시 보고 떠났다고 한다. 타지역이 어디인지는 말하지 않아도 다 아시리라 짐작한다. 이러한 일이 몇 년간 반복되면서 신규 교사에게 담임 업무를 주지 말 것, 업무는 신규 교사의 여건을 고려하여 배정할 것 정도의 정책이 나왔다. 역시, 매뉴얼 수준이다.

신규 교사는 시골 오지로 발령을 받고 그곳에 근무하는 것이 힘들어서 떠나는 것일까? 관사가 허름해서 떠나는 것일까? 업무가 많아서 떠나는 것일까? 왜 신규 교사들은 서울 및 경기도 근무를 선호할까? 강원도에 발령받은 신규 교사들의 이탈이 왜 많은지, 왜 떠나고 무엇에 적응하지 못하는지를 깊이 있게 분석해 볼 필요가 있다.

신규 교사에게 얼씨구나 하고 업무 폭탄을 던지는 선배들의 행태, 남교사 모임을 만들어 신규 남교사를 억지로 가입시킨 후 아버지 생신 모임 때문에 금요일에 참석 못 한다 했더니 진짜 아버지 생신인지 증거를 대라는 선배들의 행태, 나이가 어리다고 학생이나 동료 교사 앞에서 소리 지르고 반말하고 이것저것 부려먹는 몰지각한 교원의 행태, 왜 신규 교사가 화려한 색의 옷을 입느냐며 사생활 간섭을 하는 선배 교사와 교감, 교장의 행태……. 신규 교사 대상 인권교육을 하러 갔을 때 1년간 그들이 학교에서 겪은 일들은 참 놀라웠다.

비민주적인 학교 문화는 여전히 잔존하고 있다. 아무리 민주적 학교 문화를 강조해도 그것을 접해본 경험이 없는 선배 교사와 교감, 교장이 버티고 있는 학교에서 민주적 학교 문화는 멀고 먼 얘기일 수도 있다.

우리 모두는 신규 교사였다. '요즘 젊은 애들 왜 저래?'라는 말을 맥락 없이 들으며 '나는 저런 선배가 되지 말아야지' 하고 다짐도 했었다. 학교 밖 사람들은 학교가 관계 면에서 평등한 조직이라고 알고 있지만 실상은 그렇지도 않다. 평등한 조직이었지만 거기에 어떤 사람들이 있느냐에 따라 학교는 불평등한 조직으로 고착될 수도 있다. 그래서 사람을 대하는 방법과 태도, 그것을 가장 많이 고민해야 하는 건 학교이고 교사가 아닐까 싶다.

학교에서도 학생을 부를 때 번호로 부르지 말고 이름을 불러 주라고 하는 시대에 단지 절차의 공정함을 보장한다는 이유로 사람을 '관리번호 1번'이라고 지칭하다니…… 과정의 공정함이 사람에 대한 존중보다 더 중요할까? 공정함을 이유로 사람을 대상화하는 일은 적어도 교육의 장에서는 개선해야 한다. 모두가 알지만 아무도 하지 않는 모순을 이제는 해결해야 하지 않을까 싶다.

몇 년 전부터 임용시험 개선에 대한 논의가 진행되고 있는 것으로 알고 있다. 빠르면 2017학년도 임용시험부터 적용한다고 들었는데, 아직 준비가 덜된 모양이다. 교사 임용시험 제도 개선은 교육청 혼자 할 수 있는 일이 아니다. 교육청, 평가원 그리고 사대 및 교대 관계자들이 함께 모여 생각을 나눌 일이다.

내일도 수업 실기 지도를 위해 한 번 더 가야 하는데, 캔 커피라도 사가지고 가서 "선생님, 이름이 뭐예요? 저는 95학번 김현진이라고 합니다."라고 해야겠다.

K가 수업을 방해한 까닭

K는 새 학년 첫날부터 인상이 독특했다. 친구들과 대화를 주고받는 모습이 평범하지 않았는데, 상대방의 말을 받아치는 순발력과 재치가 남달랐다. 알고 보니 K의 언어 활용력의 기저에는 1000여 편의 무협지 섭렵이 있었다. 그 때문인지 말솜씨는 재치 있고, 국어 모의고사 등급은 2등급 정도, 내신 성적도 학급에서 4등 정도로 우수한 편이었다.

K를 3주 정도 지켜보았는데, 재치 있는 언어 사용 뒤엔 약자를 홀대하거나 혐오하는 발언이 섞여 있음을 발견했다. 좀 더 주의 깊게 K를 관찰했다. 그런데 수업에 참여하는 모습이 영 이상했다. 수업 시간 첫 10여 분까지는 수업에 활발하게 참여하는데 금방 집중력이 떨

어진다. 더 관찰을 하니 본인도 수업을 잘 듣지 않고 친구들도 못 듣게 하는 모습이 보였다. 선생님 특히 여선생님에게 함부로 대하는 모습도 종종 눈에 띄었다.

우선 담임 교사에게 수업 시간에 다른 친구를 방해하는 행동은 삼가도록 지도해 줄 것을 1차로 부탁했다. 이후 또 그런 상황이 생기면 내가 불러서 얘기를 하려고 마음먹었다. K의 작년 담임 교사에게 이 친구가 어떤 아이인지 물었다. 내가 들은 정보는 이랬다.

1. 아버지가 매우 권위적이다.
2. K의 엄마도 아빠에게 존중받지 못한다.
3. K는 집에 가서 밤새도록 게임을 하고 새벽 5시쯤 잠든다.
4. 기본적으로 두뇌는 명석하고, 워낙 독서량이 많아 학습의 기초는 튼튼하다.
5. 엄마는 K를 감당하지 못한다.

작년에도 K의 엄마가 아들을 도저히 감당하지 못해서 담임 교사와 여러 번 상담을 했다는 것이다. K의 모습을 보며 자식은 부모의 뒷모습을 보며 닮는다는 말이 떠올랐다. 권위적이고 억압적인 아버지를 둔 아들은 그 아버지를 싫어하고 두려워하고 심지어 부정하면서 자신도 모르게 아버지의 모습처럼 사는 경우가 많기 때문이다.

권위적이고 억압적인 아버지는 자신의 부인도 존중하지 않는 경우가 많다. 이런 상황에서 엄마(부인)는 자녀를 스트레스를 푸는 대상으로 삼는 경우가 많다. 자식에게 자신의 과도한 욕망을 투사하거나, 혹은 자식에게 화를 푸는데 후자는 정말 나쁜 경우이다. 이럴 경우 가장 약자인 자녀는 그 스트레스를 엉뚱한 곳에 풀거나 이상행동을 한다. 결국 악순환의 악순환이다.

왜 그럴까? 내가 고민해서 얻은 답은 대상화된 아이들이 타자를 대상화하기 때문이라는 것이다. 폭력적이고 억압적이고 강한 상처를 주는 환경에서 성장한 아이들은 반드시 어디에선가 폭력, 억압, 상처를 타자에게 쏟아낸다. 내가 생각하기에 학교에서 폭력이 사라지지 않는 이유 중 한 가지는 우리 사회에 가득 찬 폭력적인 공기 때문이기도 하지만, 가정에서 폭력을 온몸으로 흡수해 오는 아이들이 있기 때문이다. 학교는 이러한 아이들이 모여 있는 곳이니, 당연히 학교폭력은 멈추지 않는 것이라고 늘 생각해왔다. 그리고 오늘도 그 생각이 어느 정도 맞음을 확인했다.

그 누구도 나의 '대상'이 되면 안 된다. 나도 한때 첫아이를 낳고 시댁에서 받은 깊은 상처로 힘든 시절이 있었다. 나도 모르게 첫아이에게 폭력과 비난의 말과 행동을 쏟아붓는 내 모습을 보며 이렇게 살다가는 나도 그리고 첫아이도 불행해질 것 같아서, 나 스스로 병원을 찾아갔다. 여러 가지 상담도 받고, 심지어 약물치료도 받았다. 물론 아주 씻은 듯이 나은 것은 아니지만, 과거보다 더 행복하고 또 스스로 조절할 줄도 안다.

내가 부끄러운 건 상담을 받고 약물치료를 받았다는 것이 아니라 그런 상처에서 오랜 시간 헤어나지 못하고 그 상처를 첫아이에게 투사했던 몇 년간의 시간들이다. 내가 좀 더 성숙했다면 그런 시간들을 보내지 않았을 텐데 하는 후회 말이다.

내게 이런 시간이 있었다고 고백하면 대부분 매우 놀란다. 그러나 상처 없는 사람이 어디 있으랴? 양과 강도의 차이지 누구나 상처는 있지 않은가? 중요한 건 그 상처를 자꾸 마주하려는 노력과 주변 사람들의 도움이 아닐까 한다.

괴물은 학교에서만 만들어지는 게 아니라, 가정에서도 얼마든지 만들어질 수 있다. 물리적으로 함께 있다고 행복한 가족은 아니라고 생각한다. 어디에 있건 각자의 삶과 지향점을 존중해 주고, 그것을 향해 나아갈 수 있게 도와주는 노력이 이제는 가정에서도 필요하다. 자녀는 대상이 아니다. 자녀는 그 자체가 목적이요, 고유한 존재이다.

조용하고 차분했던 K의 엄마가 떠오른다. 그땐 K를 가르치지 않아서 그분이 K의 엄마인지 몰랐는데 조금 어두웠던 표정만큼은 기억이 난다. 기회가 된다면 K의 엄마를 만나 선생님과 학부모가 아닌, 아이를 키우는 엄마로서 이런저런 얘기를 나누고 싶다.

폭력은 대물림된다

2019년 1월의 가장 중요한 뉴스 중 한 가지는 체육계에 만연한 다양한 폭력이 밖으로 드러난 것이다. 여전히 피해자를 보호할 생각은 하지도 않는 언론의 수준으로 인해 '심석희 사건', '신유용 사건'으로 회자되는 것이 답답하기는 하지만 말이다.

이번 일이 어느 날 갑자기 하늘에서 뚝 떨어진 것이 아님을 우리는 모두 알고 있다. 땅속 저 깊은 곳에서 늘 끓고 있다가 터져 오르는 화산처럼 참고 있던 피해자들이 이제야 '나를 살려 달라'고 외치는 것이다.

이번에 이 끔찍한 고리를 바로잡기 위한 시작을 하지 못한다면 저 용자(勇者)들은 오히려 더 큰 희생자가 될지도 모른다. 따라서 이번 기회에 조재범 코치가 나쁜 놈이라고 화만 내지 말고 어디서부터 무엇이 잘못되었는지를 차근차근 짚어보아야 할 것이다.

개인적으로 심석희 선수의 증언을 보며 내 어린 시절을 떠올렸다. 나는 초등학교 5학년부터 6학년까지 핸드볼 선수였다. 초등학교 4학년이 끝나갈 무렵, 선생님께서 오시더니 겨울 방학 때 운동을 하러 학교에 나오라고 했다. 앞뒤 설명도 없이 말이다. 어찌 감히 선생님 말씀을 어기랴. 나는 초등학교 4학년 겨울 방학이 시작되자마자 매일 학교에 가서 운동을 했다. 처음부터 핸드볼을 배우지는 않고, 피구나 대장공 놀이 등을 하며 겨울 방학을 보냈다.

드디어 3월, 5학년이 되었다. 겨울 방학 내내 함께 운동을 했던 여학생들이 거의 같은 반이 되었고, 우리는 매일 수업을 마치고 남아 핸드볼을 배우기 시작했다. 체육관도 없어서 운동장에서 연습을 했는데, 흙으로 된 운동장에서 핸드볼을 하는 것은 쉽지 않았다. 미끄러웠기 때문이다.

그렇게 한 학기가 가고 여름 방학을 맞았는데 그때부터는 그야말로 지옥훈련이 시작되었다. 학교에서 한 시간 정도 걸어야 도착하는 실내 체육관에서 매일 운동을 했는데, 운동하는 것이 너무 힘들었다. 더운 여름, 아무리 실내 체육관이라고 해도 하루 종일 운동을 하니 얼마나 덥겠는가? 운동을 시작한 지 채 한 시간도 안 되어 온몸이 땀으로 젖었다. 잠깐 쉬는 시간에 화장실에 가서 수도꼭지에 입을 대고 물을 마셨고, 친구들과 훌쩍이며 울 때도 있었다.

그러던 어느 날, 원래 우리를 지도하던 감독 선생님이 며칠간 자리를 비우게 되어 다른 남자 선생님이 우리를 지도하러 오셨다. 두 팀으로 나누어 연습 경기를 하다가 실수를 하거나 게임에서 지는 팀의 선수들은 엎드려뻗쳐를 하고 마포 걸레 자루로 허벅지를 맞았다.

맞는 것까지는 참을 수 있었다. 그런데 엎드려뻗쳐를 시켜 놓고, 허벅지 안쪽을 손톱으로 꼬집는 것은 정말 참을 수가 없었다. 어떤 때는 세워 놓고 겨드랑이 안쪽을 손톱으로 꼬집어 비틀었다. 이것까지도 참았다. 견디기 힘든 건 임시 지도 선생님이 꼭 얼굴의 땀을 우리의 상의를 훌렁 걷어서 닦는 것이었다. 선생님의 그런 행동이 정말 불쾌하고 수치스러웠지만 아무도 말할 수 없었다. 그게 1987년, 1988년의 일이다.

나는 중학교에 진학하면서 운동을 그만뒀다. 그 기억들이 싫었기 때문이다. 내가 스스로 운동을 하겠다고 한 적도 없고, 오히려 운동을 그만둔다고 했다가 감독 선생님께 엄청 맞았던 기억만 있다. 그렇게 우리는 단 1%의 자기결정권도 없던 시대를 살아냈다.

그 후로 30여 년이 지났다. 우리는 올림픽도 하계, 동계 모두 치뤘고, 심지어 월드컵에 세계 육상선수권대회도 치뤘다. 그러나 그때나 지금이나 변함없이 스포츠계의 폭력은 줄어들지 않은 것 같다. 심석희 선수, 신유용 선수 그리고 더 먼저 스포츠계의 성폭력을 고발했던 북한 출신 리듬체조 선수 이경희 씨의 고백을 보며 저 세 사람의 고백이 전부일까 싶다.

전직하고 난 뒤 맡은 첫 업무는 체육 담당이었다. 체육 담당 장학사로서 어떤 일을 해야 하는지 체육을 전공한 선배 장학사에게 물어보았다.

"학교를 다니면서 지도자들 격려를 해 줘."

핑계라 할 수 있지만 눈코 뜰 새 없는 업무 때문에 딱 한 번씩 밖에 학교를 돌지 못했다. 아예 처음부터 '나는 전공자가 아니니, 내치지 말고 가르쳐 주세요'라는 메시지를 보내서 그런지 몰라도 즐겁게 체육 업무를 할 수 있었다. 그분들은 체육 전공자가 아닌 장학사가 와서 힘들었을지도 모르지만 말이다.

학교 운동부 지도자들에게 체벌이 왜 나쁜지를 설명할 때 자기결정권을 얘기하면 시큰둥한 표정으로 듣는다. 그럴 수밖에. 그들이 선수일 때 듣도 보도 못한 말이 자기결정권일 텐데, 배운 대로 가르치는 것이 당연하지 않은가?

폭력만큼 배운 대로 써먹는 기술은 없다. 자신을 가르친 지도자에게 배운 대로 폭력을 휘둘렀을 테고, 이를 발설하면 이 바닥을 떠나야 한다고 배웠을 테고, 그래도 용기 있게 입을 열면 다시는 운동을 할 수 없게끔 했을 테니 말이다. 이것뿐이랴? 상급학교 진학에서 터져 나오는 금품수수도 마찬가지이다. 실력대로 보내는 것이 아니라 쥐어진 돈의 금액대로 상급학교를 진학시키는 지도자들도 있지 않았는가? 이 역시 배운 대로 했을 터이다.

이번 기회는 정말 소중한 기회다. 체육계에 폭력이 여전히 남아 있는 이유는 선수들이 무엇을 위해 운동을 하는지에 대해 가르치지 않고 그저 열심히 하라고, 무조건 1등이 되라고 했기 때문이 아닐까? 처음으로 되돌아가서 그것이 운동이건 공부건 왜 해야 하는지, 무엇을 해야 하는지, 너는 그것을 하고 싶은지를 묻고 개인의 자기결정권을 존중하는 연습부터 해야 하지 않을까 싶다.

자신의 모든 것을 포기하고 세상을 향해 살려달라고 외치는 선수들의 목소리에 또 어떤 흙탕물이 흘러들어올지 걱정도 된다. 하지만 영화 〈4등〉의 준호 엄마가 외친 "난 우리 준호가 금메달만 딴다면 준호가 맞는 것 참을 수 있어."라는 말이 이제 몰상식이 되는 사회가 되기를 바란다. 또한 '심석희 사건'이 아니라 '조재범 코치 선수 성폭행 사건'으로 왜 기사 제목을 바꾸지 않느냐고 언론사에 항의하는 것이 당연한 일이 되는, 그런 사회가 되기를 바란다.

여성이라면 누구나 한 달에 한 번 겪어야 하
는 월경통이란 것이 있다. 생리를 할 때 동반되는 통증으로, 통증을
심하게 겪는 여성도 있고 그렇지 않은 여성도 있다. 나는 전자에 속
한다. 사흘 정도는 일상생활이 불가능할 정도로 통증이 심하여 진통
제를 먹는데도 효과가 없는 경우가 더 많다. 더구나 5년 전 자궁외
임신으로 오른쪽 난소를 절제하는 수술을 받았는데 그 후 통증이
더 심해졌다. 산부인과와 한의원에서도 모두 특별한 원인은 없다는
데 말이다.

전직하기 전 남녀공학 일반계 고교에 근무했는데, 남학생 반 수업
을 할 때 월경통이 심하면 참 곤란했다. 여학생 반 수업을 할 때는 선

생님이 통증이 심해서 신경이 예민하니 수업 시간에 감정이 상하는 말과 행동을 하지 말자고 미리 얘기하면 여학생들은 적극 호응해 준다. 하지만 남학생들에게는 월경통이 심할 때 감정을 건드리거나 수업을 방해하는 일을 하지 말아 달라고 말하지 못했다.

통증이 너무 심해서 서 있지도 못할 정도였던 날, 하필 남학생 반 수업이 딱 걸렸다. 어쩔까 고민하다가 우선 수업을 하러 교실에 들어갔다. 내 모습이 평소와 달랐는지 한 학생이 물었다.

"샘, 어디 아프세요?"

"……"

"어, 샘 많이 아프신가 봐요?"

"응."

"어디 아프세요?"

어찌할까 고민했다. 한 1분 정도의 아이들의 웅성거림과 나의 침묵이 흐른 후 드디어 나는 입을 열었다.

"여성들이 한 달에 한 번 생리를 하는 건 알지? 그럴 때 심하게 통증을 느끼는 사람들이 있어. 그런데 샘이 거기에 속해. 이게 어느 정도로 아프냐면, 샘이 아이 둘을 낳으면서 제왕절개 수술도 해 보고 자연분만도 해 봤거든. 그런데 이 통증이 말이야 그 두 가지 고통을 뛰어넘는다는 생각이 들 만큼 아파. 고통의 단계를 0부터 10으로 한다면 10을 뛰어넘어. 진통제를 네 알 이상 먹어도 가라앉지를 않아."

순간 정적.

"그런데 오늘 유난히 심하게 아파서 지금 수업하려고 진통제 세 알을 먹고 들어왔어. 어쨌든 샘은 수업을 해야겠어. 아픈 건 샘의 개인적인 일이니까. 아마 통증이 심해서 너희들이 평소에 농담처럼 하던 말도 오늘은 그렇게 들리지 않을지도 몰라. 그래서 미리 얘기하는 거야. 그리고 이번 기회에 너희들에게 부탁이 있어."

아이들이 뭐냐는 표정으로 일제히 바라본다.

"너희들이 다음에 연애를 하게 되거나, 이미 하고 있다면 아마 여자 친구가 월경통이 심한 상황을 만나게 될 거야. 그때 어떻게 할래?"

또 침묵. 이 때 김모 군.

"약 사다 줘야죠."

옆에 있던 박모 군.

"우리 엄마는 따뜻한 데에 배를 대고 눕던데요?"

이 얘기들을 듣는데 갑자기 울컥한다.

"그래, 지금 그렇게 하면 돼. 이건 남녀 간의 신체의 차이 중에서도 가장 많이 배려받아야 할 부분이라고 샘은 생각해. 단순한 차이가 아니라 남성들은 평생 동안 알 수 없을 몸의 고통이거든."

잠시 침묵이 흐르다가 최모 군이 말한다.

"샘, 아프지 마세요. 얘들아, 수업하자."

그래, 진작에 설명해 줄걸. 차근차근 말로 설명하니 다 알아듣고 심지어 상대방을 배려도 해 주는 것을 설명도 하지 않고 왜 모르냐고 했을까?

학교는 성(性)에 관한 이야기가 나올 때마다 스스로를 많이 억압한다. 그중에서도 여성의 월경은 조금 과장해서 표현하자면 학교 안에서든 밖에서든 입 밖으로 내는 순간 큰일이 닥칠 것 같은 대접을 받아온 것도 사실이다.

초등학교 시절 다른 친구들보다 조금 일찍 월경을 시작한 친구가 있었는데 그 친구는 그것을 매우 부끄러워했다. 우리 세대를 비롯해 그 윗세대는 여성에게 월경은 엄청난 몸의 변화임에도 불구하고 그것을 자연스럽게 받아들이지 못하는 환경에서 자랐다. 지금 학생들의 엄마들도 대부분 40대일 테니 역시 월경을 금기시하는 시대에 청소년기를 지나온 사람들일 것이다.

엄마들은 아들들에게 월경이 얼마나 중요한 여성의 신체 현상인지, 또 한 달에 한 번 월경을 할 때 이루 말하지 못 할 통증에 시달리는 경우가 얼마나 많은지 천천히 설명해 준 적이 별로 없을 것이다. '너희들은 알면 안 되는 것'이라고 단정히기 때문이다.

하지만 알지 못하면 이해하기 어렵고 사랑하기도 어렵다. 학교에서의 성교육을 예방 중심으로 진행하는 것도 매우 중요하지만 남학생이 여학생의 몸을, 여학생이 남학생의 몸을 차근차근 알아가는 것부터 시작해야 타인의 몸이 얼마나 소중한지, 그 몸에 대한 자기결정권은 몸의 주인에게 있다는 것을 가르칠 수 있다. 타인에 대한 존중은 그의 몸을 존중하는 것에서 출발하기 때문이다.

요즘 연이어 터지는 계모 또는 계부에 의한 자녀 학대 사건을 접하면서 우리가 어떤 현상을 바라볼 때 하나의 단어가 주는 편견에 많이 갇혀 있다는 생각이 들었다. 아동 학대나 살해 사건이 '계부모'에 의해서만 벌어지는 것인가? 자료상으로는 친부모에 의한 비율도 적지 않다. 그러나 원영이 사건을 비롯해서 근래에 벌어지는 아동 학대(혹은 양육 방임) 사건은 '계부모'에 의한 것이라고 단정지어 기사화된다.

학대를 한 계부와 계모를 옹호할 생각은 없다. 다만 우리가 누군가를 볼 때 그 사람이 무엇으로 불리는지, 그 사람이 어떤 위치에 있는지를 보는 데 더 익숙해 있다는 사실이 조금 씁쓸하다. 비단 이런 일뿐일까? 학생을 바라볼 때에도 불현듯 '성적은? 성격은? 부모님은 뭐 하신데?'란 질문이 내 안에서 생겨날 때가 있다. 그 학생보다 그 학생의 조건을 먼저 보려한 것이다. 이것은 선후 관계가 바뀐 것이다. 문제는 많은 사람들이 이렇게 뒤바뀐 틀로 사람을 대하는 것에 익숙해져 있다.

계모라서, 계부라서 그런 짓을 한 것이 아니라 그야말로 복합적인 원인이 있을 것이다. 그 계모나 계부가 게임 중독이었다는 등, 평소에도 자녀를 제대로 돌보지 않았다는 등의 내용까지 첨가되어 그들은 '인성'이 덜 된 일개 개인이 된다. 결국 아동 학대는 인성이 덜 된 개인이 저지른 나쁜 일이 되어 버리는 세련되지 않은 해석이 여전히 되풀이된다.

건강한 사회라면 계부모든 친부모든 부모들이 자녀를 학대하지 못하도록 사회적 안전망이나 시스템이 제대로 작동되어야 하는 것 아닌가? 원영이가 학대받고 있다는 사실이 빨리 드러나도록 할 수 있는 사회적 안전망이 갖춰져 있었다면 어땠을까? 학대 사실이 드러났을 때 원영이를 부모의 품에서 분리해서 사회와 국가에서 안전하게 양육하고, 그 기간 동안 원영이의 부모 역시 치료를 해 주고 죗값을 치르게 하는 것이 가능했다면 어땠을까?

학대 아동 파악을 위한 전수조사를 하고 학대 사건이 발견되면 부모에게 죗값을 묻는 지금의 방법은 아동 학대 사건을 줄여가는 데에 별 도움이 되지 않는다. 중요한 것은 아동 학대를 사라지게 하는 것이지 아동 학대 가해자에게 벌을 주는 것이 아니기 때문이다.

10여 년 전 담임했던 남학생 중에서 자폐아로 오해했던 학생이 있다. 내가 담임을 맡기 전에 그 학생을 맡았던 선생님들은 그 친구를 자폐아로 단정하고 있었다. 내가 보기에도 말투나 행동이 이전에 봤던 자폐아들과 유사했다. 혹시나 해서 이전에 그 학생을 가르쳤던 선생님들의 얘길 들어보니, 수업 시간에 전혀 앉아 있지 못하고 학생용 칼을 들고 뛰어다녔다고 한다. 칼로 무엇을 하냐고 물으니, 수업 시간에 다른 친구의 손등에 상처를 내고 도망다닌단다.

첫날 교실에 들어가서 그 친구의 얼굴을 확인하고, 선생님들께 전해 들은 얘기와 어울리지 않는 모습을 하고 있어서 조금 놀랐다. 며칠이 지나 그 친구의 손등이 칼자국투성이인 것을 보고 깜짝 놀라서 학생의 부모가 어떤 분인지 다시 확인을 해 보았다. 자료 상으로는 평범한 가정의 장남이고 아버지는 공무원이었다.

나는 3월부터 한 달여 동안 이 친구가 사람들 얼굴을 쳐다보지 못하고, 얘기할 때 눈을 맞추지 못하는 모습을 관찰하며 교무수첩에 기록했다. 당시엔 교사가 학대받는 아동을 신고하는 것이 의무화되지 않았을 때인데, 한 달을 관찰한 후 바로 아동보호 전문기관에 신고를 했다. 기관에서 먼저 나를 면담했고, 지역주민센터에서 사전조사 후 부모를 직접 면담하겠다고 했다. 물론 신고한 나의 신변 보장을 약속하고 말이다.

며칠 후 조사원의 연락을 받고 놀라운 사실을 알게 됐다. 그 학생의 어머니가 그 친구를 임신했을 때 극심한 고부갈등으로 산후 우울증을 앓았고, 그 여파가 그 친구에게 온 것이라고 했다. 아버지는 상황을 그저 방관하고 있었고, 엄마 혼자 그 모든 상황을 견디며 자신의 분노를 큰아들에게 쏟아부은 것이다.

그 후 나는 그 친구와 얘기할 때 두 손을 잡고, 눈을 맞추는 것을 반드시 지켰다. 그 친구는 빵이나 과자를 만드는 일에 관심이 많았는데, 제빵을 배울 수 있게 해 주려고 여기저기 알아봤으나 워낙 시골이라 배울 수 있는 곳이 마땅치 않았다. 그러다 대학원에 진학하느라 나는 학교를 떠났고, 그 친구는 내 대학 선배가 담임을 하게 되었다.

선배에게 그 친구의 대략적인 상황을 설명해드렸다. 이후 선배의 노력으로 그 학교에 지역 빵집과 연계한 방과후 수업이 개설되었고, 그 친구가 가장 열심히 참여했다고 한다. 대학엔 진학하지 못했으나 직업학교에 진학해서 제빵을 배운다는 소식을 들었다.

졸업식 날, 영상으로 전해받은 그 친구의 한 마디는 지금도 귓가에 생생하다.

"선생님, 고맙습니다."

나도 화가 나거나 몸이 피곤하거나 무엇인가 잘 안 풀리면 내 아이들에게 짜증을 잘 낸다. 참 부끄럽지만 사실이다. 심지어 큰아이는 임신과 출산 과정에서 시댁과의 갈등으로 인해 꽤 오랜 기간 동안 제대로 돌보지 않았던 부끄러운 기억이 있다.

그땐 내가 왜 그리 딸들에게 짜증을 내고 화를 참지 못하는지 모르고 살다가 치료를 받고 나서야 알았다. 그저 혼자 견디려 했기 때문이다. 그 친구의 엄마도 조금만 일찍 세상 밖으로 손을 내밀었다면 좀 더 행복할 수 있었을 텐데 하는 생각이 든다.

마음이 아픈 사람의 문제를 개인의 일로만 치부해서는 안 된다. 우리가 흔히 말하는 시민사회라는 것은 건강한 시민들이 모여 이루어지는 것이다. 그런데 우리 사회는 어떠한가? 개인이 건강하려면 국가나 공동체가 개인성을 존중해야 하는데, 이것부터가 잘 안 되는 듯하다. 이런 사회에서 개인들은 건강할 수 없고, 건강하지 않은 개인은 자신보다 더 약한 개인들에게 횡포를 부린다. 그것이 가정이건 사회에서건 간에 반복된다. 어쩌면 이 악순환이 학교와 사회를 폭력의 공기로 둘러싸는 것은 아닐까?

그 친구는 지금 어디서 무엇을 하며 살고 있을까? 부디 빵을 굽는 맛있는 향기를 온 동네에 풍기며 건강한 시민으로 살고 있기를 바란다.

인성교육과 인권의 관계

 인성교육과 교과교육을 별개라고 여기는 교사들이 많다. 하지만 제대로 된 수업은 그대로 인성교육으로 이어진다. 오히려 별도의 인성교육을 하려는 순간 학교에는 또 다른 업무만 생길 뿐이다.

 그런데 인성은 타인을 '바라보는 자'의 욕망이 담긴 것이다. 학생이 바르고 착한 학생으로 자라나기를 바라는 욕망 말이다. '학생은 인내심을 가져야 해, 배려심을 가져야 해, 양보해야 해.' 여기서 언급된 '인내, 배려, 양보'는 자신을 위한 것인가? 오히려 타자를 위한 것이다. 인내하면 좋은 학생, 배려하면 좋은 학생, 양보하면 좋은 학생. 대학 입학용 자기소개서에서 '너의 장점이 뭐야?'라고 물으면 90%

이상이 '공감, 배려하는 태도'라고 쓴다. 그렇게 공감하고 배려하는 학생들이 많은데 학교는 왜 그럴까?

진취적이고 적극적인 사람이 미래의 인재상이라고 하면서, 학생이나 교사가 적극적으로 자신을 표현하거나 '왜?'라고 할 때 부담스러워하는 것은 앞뒤가 맞지 않다. 이런 모순이 발생하는 까닭은 인성과 인권의 '주인'이 다르기 때문이다. 인성의 주인은 바라보는 자이지만, 인권의 주인은 나 자신이다. 그래서 인권 감수성의 출발은 타자를 바라보는 인식의 틀을 수정하는 것에서 출발한다.

그렇다면 인성이란 무엇일까. 인성의 사전적 의미는 이렇다.

人性 : 사람의 성품

사람의 성품, 이것은 사람마다 다르다. 물론 기질 혹은 취향이 나와 비슷한 사람이 있기도 하지만 기본적으로 사람의 성품은 모두 다르다는 것이 합리적인 의견이다. 이렇게 사람마다 다른 것이 인성인데, 학교에서는 2시간씩 교육해서 진흥하겠다며 '인성교육진흥법'을 만들었다. 인성교육진흥법 제1조에 따르면 이 법의 목적은 헌법 제10조를 기반으로 한단다. 그렇다면 헌법 제10조의 내용은 무엇일까.

헌법 제10조
모든 국민은 인간으로서의 존엄과 가치를 가지며, 행복을 추구할 권리를 가진다. 국가는 개인이 가지는 불가침의 기본적 인권을 확인하고 이를 보장할 의무를 진다.

모든 국민이 인간으로서의 존엄과 가치를 가지고 있으며, 행복을 추구할 수 있도록 국가는 개인의 인권을 확인하고 이를 보장하라는 뜻이다. 인성교육진흥법의 제2조(정의)를 볼까?

제2조(정의)

인성교육이란 자신의 내면을 바르고 건전하게 가꾸고 타인, 공동체, 자연과 더불어 살아가는 데 필요한 인간다운 성품과 역량을 기르는 것을 목적으로 하는 교육을 말한다.

'바르고 건전한 내면'의 기준이 무엇일까? 뒤에 이어지는 '타인, 공동체, 자연과 더불어 살아갈 수 있는 인간다운 성품과 역량'이란 무엇일까? 인간답다는 것은 어떠한 것일까? 인간답다의 정의, 즉 인간의 본성에 대한 논쟁은 인간이 언어와 문자를 가지면서부터 지금까지 이어진 논쟁의 주제이다. 수 천 년 동안 이어져왔다는 뜻이다. 그런데 결론이 났을까? 나지 않았다.

한번 생각해 보자. 인간다운 것 혹은 인간의 본성을 몇 가지로 한정하여 정의할 수 있는지를. 쉽지 않을 것이다. 그런데 인성교육진흥법에서는 인성을 여덟 가지로 한정한다. 그것이 바로 제2조 2호이다.

2. '핵심 가치·덕목'이란 인성교육의 목표가 되는 것으로 예(禮), 효(孝), 정직, 책임, 존중, 배려, 소통, 협동 등의 마음가짐이나 사람됨과 관련되는 핵심적인 가치 또는 덕목을 말한다.

그런데 이 법을 만든 사람들도 인성교육을 통해 키워야 할 덕목을 여덟 가지로 한정하기엔 좀 민망했는지 '등의'라는 말을 넣어 슬그머니 피한다.

게다가 여덟 가지 핵심 가치를 나열하며 '마음가짐'이라고 표현했는데, 마음가짐은 개인의 것이다. 아무리 좋은 마음가짐이어도 국가가 개인에게 요구할 수 없다. 왜냐하면 헌법 제19조에 '모든 국민은 양심의 자유를 가진다'고 되어 있기 때문이다.

여기서 양심은 거창한 도덕적 의미를 포함한다기보다 개인의 마음가짐이나 상태를 뜻한다고 봐야 한다. 마음이 이성과 만나면 그것이 개인의 신념이 되는 것이다. 그래서 양심의 자유는 곧 개인이 자신의 신념을 지키기 위한 기본이다. 헌법은 우리나라 법 중 최상위법인데, 인성교육진흥법은 상위법인 헌법과 부딪친다. 다시 인성교육진흥법 제1조(목적)로 가보자.

이 법은 「대한민국헌법」에 따른 인간으로서의 존엄과 가치를 보장하고 「교육기본법」에 따른 교육이념을 바탕으로 건전하고 올바른 인성(人性)을 갖춘 국민을 육성하여 국가사회의 발전에 이바지함을 목적으로 한다.

인성교육진흥법은 교육기본법에 따른 교육이념을 바탕으로 한단다. 그렇다면 교육기본법의 교육이념이 무엇일까?

제2조(교육이념)

교육은 홍익인간(弘益人間)의 이념 아래 모든 국민으로 하여금 인격을 도야(陶冶)하고 자주적 생활능력과 민주시민으로서 필요한 자질을 갖추게 함으로써 인간다운 삶을 영위하게 하고 민주국가의 발전과 인류공영(人類共榮)의 이상을 실현하는 데에 이바지하게 함을 목적으로 한다.

밑줄 친 부분은 논란이 많은 부분이다. 개인을 '민주국가의 발전과 인류공영(人類共榮)의 이상을 실현하는 데에 이바지하게 함'이라는 내용 때문이다. 어디서 익숙한 향기가 올라오지 않나? 일제 강점기의 신민화 정책이 이러한 방향에서 추진되었다. '천황을 위한 국민'을 만들기 위해서다. 해방이 된 후에도 우리는 오랫동안 '국민학교'에 다녔다.

하지만 교육기본법 제2조 전반부의 내용은 가슴을 뛰게 한다. 우리 초중등 교육이념이 '자주적 생활능력과 민주시민으로서의 필요한 자질'을 갖추게 하는 것이라는 부분 말이다.

법 이야기가 길었다. 요약하자면 사람마다 다른 각자의 성품을 인성교육진흥법에서 나열한 여덟 가지 가치 덕목으로 키울 수 있느냐는 것이다. 또한 사람의 성품으로서 추구해야 할 것이 비단 이 여덟 가지만일까?

인성은 타인에게 '요구당하는 것'이다. 내가 스스로 발현하는 것이 아니다. 보통 '나는 인내심이 뛰어나, 배려심이 뛰어나'라고 스스로 말하는 경우는 드물다. 대학 입시나 혹은 입사용 자기소개서에 등장하지, 현실 속 대화에서 사용하지는 않는다. 보통은 "너는 인내심이 뛰어나구나, 배려심이 뛰어나구나."라고 타인이 말하고, 이것을 '칭찬'이라고 한다.

왜 이것이 문제가 되냐고? 우선 인성교육을 위해 별도로 2시간을 의무적으로 할애해야 하는 것이 문제다. 학교엔 이미 반드시 해야 하지만 공허한 교육들이 너무나 많다. 교육과정과 수업만 충실히 해도 구현하기에 부족함이 없는 것들을 '진흥법'이란 명목 아래 '역전앞(驛前앞)', '초가집(草家집)'처럼 만들고 있다. 게다가 정작 충실히 해야 하는 수업은 제대로 못 하게 되는 경우도 생긴다. 사회과 과목 중 도덕 교과 수업만 제대로 해도 굳이 인성교육진흥법이 필요할까 싶다.

중등교과의 경우, '집중이수제'의 영향으로 불똥이 튄 과목들이 사회과 교과(역사, 도덕 교과 등 포함)이다. 2009 개정 교육과정과 함께 도입한 집중이수제는 거칠게 정의하면 수업시수가 상대적으로 적은 과목을 집중적으로 이수해서 학습 효과를 높이자는 것이다. 집중이수제 도입 이후, 사회과 교과는 1년에 배울 분량을 한 학기에 몰아치듯 가르치게 되었다.

사회과 교과를 제대로 수업만 해도 별도의 인성교육이 필요하지 않은 이유는 민주시민으로서 필요한 자질을 키우기 위한 지식의 대부분을 배울 수 있기 때문이다. 왜 타인을 배려하는 것이 중요한지, 왜 공동체가 중요한지, 왜 민주주의가 중요한지 등등이 사회과 교과에 주로 기술되어 있다.

그런데 이러한 과목들을 집중이수제라는 명목으로 무력화 시켰다. 그저 한 학기 두 번의 정기고사를 위한 '습득'의 대상으로 전락시킨 것이다. 초중등학교 교육과정과 그에 따른 과목별 교과서의 내용을 한 번 떠올려 보라. 어차피 교육기본법의 기본이념에 '민주시민 육성'이라는 목표가 있기 때문에 교과서도 그 방향에 맞춰 만들었다. 이는 학교 교육과정이 제대로 운영된다면 민주시민 교육은 충분히 가능하다는 뜻이다. 결국 인권교육도 민주시민 교육도 학교에서 무엇을 더 하려하지 말고, 교육과정을 제대로 운영하려는 학교의 의지부터 다잡는 데서 시작해야 하지 않을까 한다.

인권 이야기

03

난 오늘도 좋은 학교를 꿈꾼다

안녕하세요? 저는 17년 3개월간의 국어 교사로서의 삶을 마치고, 현재 강원도 교육청에서 장학사로 일하고 있는 김현진입니다. 고난의 길을 지나 그토록 바라던 교사가 된 선생님을 환영합니다. 교사가 되기를 꿈꾸고, 드디어 교사가 되는 선생님의 삶을 다시 한 번 축하합니다.

선생님(先生님), 한자를 풀어보자면 먼저 살았던 님이란 뜻입니다. 여기서 님은 애정의 대상이란 뜻보단 존칭의 의미로 보는 게 맞겠죠? 즉 선생님의 뜻은 '먼저 살았던 선배' 정도로 해석하면 적절할 것 같습니다.

요즘 사범대나 교대에 가는 학생들의 입학 성적은 매우 높습니다. 선생님도 그중 한 명이겠지요? 예전엔 그런 우수한 성적으로 사대나 교대에 기를 쓰고 가려 하진 않았습니다. 하지만 언제부터인가 (아마도 IMF 이후부터라 짐작됩니다) 교사가 여러 가지 이유로 사회에서 뭇매를 맞음에도 불구하고 사범대와 교대의 인기는 식을 줄 모릅니다. 아마도 여러 가지 원인이 있겠으나 직업의 안정성이 큰 원인이 아닐까 합니다.

서설이 길어졌네요. 지금부터 저는 새내기 교사로 첫발을 디딜 선생님께 감히 몇 가지 당부의 말씀을 드리려고 합니다.

선생님, 빨리하려고만 하지 마시고 무엇을, 왜, 어떻게 하려 하는 지를 고민하십시오.

'빨리'라는 부사어는 사실 학교와 어울리지 않는 말입니다. 사람을 가르치고 그 결과가 빨리 나온다는 것은 예외적인 경우가 아닌이상 가능한 일이 아닙니다. 교실에 30명의 학생이 앉아 있다면 그곳은 30개의 행성이 있는 하나의 작은 우주입니다. 우주의 행성은 자기의 리듬을 따라 움직이죠. 학생들도 마찬가지입니다. 미친 듯이 뛰어다니면서 앉아 있지 못하는 것도, 끊임없이 뭔가를 낙서하는 것도, 무기력하게 잠만 자는 것도 다 그 학생의 궤도입니다.

학교는 무기력한 존재들이 많은 곳입니다. 그러한 눈에 보이는 결과를 선생님의 무능 탓으로 돌리며 같이 무기력해지지 말아 주세요. 그런 결과가 나오기까지의 맥락, 즉 학생들이 왜 앉아 있지 못하고,

왜 무기력하게 잠만 자고, 왜 수업 시간에 낙서만 하는지의 맥락을 1/10이라도 고민한다면 이해하지 못할 아이는 없을 겁니다.

　이것이 가능하기 위해서는 무엇을(학생을), 왜, 어떻게 바라보아야 하는가에 대한 끊임없는 고민과 사색이 필요합니다. 그리고 이에 도움이 되는 것이 바로 공부입니다. 공부는 연수와 다릅니다. 연수에 가서 상담기법을 배워 바로 학생에게 적용하는 우를 범하기보단, 교사인 내가 학생을 어떻게 바라보아야 하는지에 대한 나만의 생각과 철학을 정리하실 것을 권해 봅니다.

　학급은, 학생들은 매뉴얼과 기법으로 이끌 수 있는 대상이 아닙니다. 선배 교사에게 빨리 가는 길만 묻지 마시고, 어떻게 해야 할지 묻고 선배와 함께 얘기하십시오. 조금 더 용기가 생기면 선배와 함께 독서 모임도 만들고 함께 공부하는 모임도 만들어 보십시오. 임용시험 준비할 때 그룹 스터디를 많이 하셨을 텐데, 그 틀을 동료 교사와 함께 교사의 자기 성장을 돕는 공부 모임으로 전환시키는 신선함을 뽐내 보시기를 권합니다.

　선생님, 맛있는 커피와 좋은 공연 그리고 해외여행 얘기를 너무 많이 하지 말아 주세요.

　교사라는 직업은 우리 사회에서 부러움과 동시에 '질시'의 대상입니다. 그렇게 교사를 질시하면서도 학부모들은 본인의 자녀가 '안정된 급여와 방학이 있는 교사가 되기'를 갈망합니다. 참 이상하죠? 자신이 질시하는 직업을 자녀가 선택하기를 바라는 그 마음이 말입니다.

교사는 왜 질시의 대상이 됐을까요? 여러 가지 이유가 있겠으나 가장 중요한 지점은 우리, 다시 말하자면 저를 포함한 선배 교사들의 책임입니다. '교사다운 전문성'을 놓쳤기 때문이죠. 제가 생각하는 교사다운 전문성이란, '최고의 교사, 잘 가르치는 교사, 예상 문제를 잘 짚어 주는 교사'란 의미가 아니라, 어떤 문제를 '교사의 시각'으로 보고 교사답게 해결하는 것입니다.

교사만이 볼 수 있는, 교사만이 해결할 수 있는 교사의 전문성을 어떻게 하면 늘 유지하고 또 더욱 성장시킬지를 고민하시기 바랍니다. 맛있는 커피와 좋은 공연 그리고 해외여행의 이야기에 '교사의 이야기'가 밀려난다면 후배 선생님들도 또다시 멸시의 대상이 될 것입니다.

마지막으로 선생님, 학교엔 약한 학생들이 많습니다. 그런 학생들을 그저 동정의 눈으로 바라보거나 일방적으로 무언가를 해 주시려 하거나 아니면 없는 존재로 여기거나 하지 마시고 있는 그대로 바라보기부터 시작해 주세요. 약함도 그 아이의 자기다움일 수 있습니다. 약한 것을 강한 것으로 만드는 것만 선이 아니라, 약함과 강함이 적절히 어울릴 수 있는 교실이 더 역동적이지 않을까요?

아이들이 항상 성공의 경험만 누려야 한다는 좋은 교사 콤플렉스에 빠지지 마시고 실패를 하더라도 그 실패를 어떻게 하면 극복할 수 있는지를 알려 주는 '먼저 살아 본 선배'가 되는 노력을 해 보면 좋겠습니다.

전직하고 가장 후회되는 것 중 한 가지는 바쁘다는 핑계로 학생들이나 옆자리 교사들과 더 많은 이야기를 나누지 못한 것입니다. 한겨울에도 내리지 않는 함박눈이 3월에 펑펑 내립니다. 생각지 않던 낯설음이 주는 신선함처럼, 학생들에게 낯설음과 마주하는 기회를 많이 만들어 주시는 선생님이 되기를 바라봅니다. 다시 한 번 고난의 길을 지나 교사가 된 선생님을 환영합니다.

2009년 B여중에 근무할 때 담임했던 S와 M은 내가 지금 근무하고 있는 고등학교를 졸업한 아이들이다. 그 친구들이 벌써 대학 3학년. 며칠 전 카톡으로 S가 연락을 했다.

"샘, M이랑 같이 찾아가도 돼요?"

"당근이지."

약속한 날 오후, 둘이 함께 교무실로 찾아왔다. S는 서울의 모 대학 건축공학과에, M은 춘천의 한 대학에 다니고 있다. S가 먼저 오고, 아르바이트를 하는 M이 좀 늦게 왔다.

아이들과 학교 앞 닭갈비집에 가서 밥을 먹으며 이런저런 얘길 나눴다. 사립대학에 다니는 S는 한 학기 등록금이 460만 원이나 된다고 했다. 거기다 학과 과제에 야간작업이 많아서 학교 앞에서 자취를 하는데 한 달에 관리비를 포함해서 월세 55만 원을 낸다고 한다. 학생에게 가혹한 돈이다. 그나마 춘천에서 학교를 다니는 M은 국립대를 다니고 있고 집에서 통학을 해서 S보단 경제적으로 더 여유가 있었다.

사실 M과 나는 특별한 인연이라면 인연이 있다. M은 내가 담임을 하기 전까지 그 학교에서 좀 많이 '놀던' 친구였다. 게다가 2학년 때는 학교에서 문제를 일으켜서 징계도 받았다. 내가 그 학교에 전입하고 M의 3학년 담임 교사가 되자 동료 교사들은 앞다투어 M에 대한 사전 정보를 주었고, M에게 학급 실장을 맡기지 말라는 '조언'도 했다. 아이들을 선동해서 담임 교사를 괴롭힌다는 것이 그 이유였다.

드디어 첫날, M은 강한 이미지에 목소리도 카랑카랑했다. 사전 정보를 듣고 만나서 그런지 나도 긴장하며 M을 만났다. 처음 한 달은 M을 관찰했다. 그러던 어느 날, M이 다른 수업 시간에 소위 '되바라진' 언행을 했다고 M을 지도해 줄 것을 동료 선생님께서 부탁하셨다. 그래서 나는 M을 불렀다. 그날은 몹시 쌀쌀한 3월이었고, M은 청소를 마친 후 손을 씻고 왔다.

"M아, ○○수업 시간에 그 선생님이 듣기에 좀 버릇없어 보이는 말을 했다던데? 무슨 일인지 얘기해 줄래?"

M은 아이들이 흔히 그러하듯 자기 입장에서 얘기를 했다. 그리고

자신의 목소리와 말투 때문에 자기가 무슨 말을 해도 선생님들이 믿지 않는다는 억울함도 호소했다. 나는 M의 얘길 듣다가 갖고 있던 핸드크림을 짜서 빨개진 M의 손에 발라 주면서 말했다.

"그랬구나. 그런데 아무래도 어른들은 자기보다 나이 어린 사람들의 말투에 예민한 건 사실이야. 네가 아무리 옳은 얘길 해도 너의 말투에 옳은 얘기가 묻힌단 거지. 물론 중요한 건 내용이지만. 앞으로 그런 말투를 좀 부드럽게 바꿔보면 어떨까?"

그 순간 M의 눈에서 정말 닭똥 같은 눈물이 뚝뚝 떨어졌다. 나는 당황했다. 내가 말을 잘못했나? M은 중학생이 되고 선생님처럼 말해 준 분이 처음이라며, 잘 안 되겠지만 노력해 보겠다면서 엉엉 울다가 갔다.

그 이후, M은 정말 다른 사람이 되었다. 성적이 중요한 건 아니지만 3학년 전체 350여 명 중 250등 정도 했던 성적이 3학년 1학기 중간고사에서 120등 정도를 하더니, 졸업하기 전 마지막 본 시험에서는 전교 70등대로 마무리했다. 당시 춘천은 고교 비평준화 지역이었는데 이 친구는 정말 미친 듯이 입학시험을 준비해서 원래 성적으로는 갈 수 없었을 고등학교에 당당히 합격했다.

밥 먹는 내내 재잘재잘 신나게 얘기를 하던 M은 나에게 작년에 자신이 수강했던 교양과목 얘기를 해 줬다.

"샘, 제가 작년에 리더십 관련 교양 강좌를 들었는데요. 보고서에 샘과의 추억을 썼어요. 내 인생의 롤모델이란 주제의 보고서인데,

제목은 '상처엔 후시딘, 마음엔 핸드크림'이라고 써서 냈거든요."

제목을 듣고 나와 S는 한바탕 웃었다.

"보고서에 샘을 만나서 정말 날라리 같던 제가 완전히 다른 사람이 된 얘기를 썼어요. 그런데 교수님이 제 보고서를 발표했으면 좋겠다고 이메일을 보내셨어요. 저 엄청 떨면서 발표하다 나중에 혼자 울컥했다니까요. 엄마가 그 발표한 얘기를 듣더니 당장 샘께 연락하라고 한 거 있죠?"

그 얘길 들으며 나는 몇 번 울컥하는 걸 참느라 무지 애썼다. 날도 추운데 청소를 마치고 찬물에 손 씻고 온 M의 손에 핸드크림을 발라 주면서 잘해 보자 했을 뿐인데, M에게는 그 일이 삶의 전환점이 되었다고 한다. 물론 M이 나에게 자주 그 얘기를 해 준 덕분에 나도 교사로서의 자부심을 가졌었다. 그걸 대학에 가서도 발표까지 했다니 부끄럽기도 하고, 내가 지금도 여전히 그때 그 마음을 갖고 아이들을 대하나 하는 생각에 만감이 교차했다.

대학에 갈 때 소위 점수에 맞춰 간 M은 다행히 자신의 전공이 너무 재미있다고 한다. M의 전공은 우리나라에 몇 개 안 되는 대학에 개설돼 있는데, 공부도 열심히 했는지 3학년인데도 전공교수 연구실에 들어가서 공부도 하고, 일도 하며 돈을 벌고 있단다. 게다가 이번 학기엔 학과 1등을 할 것 같다고 했다. 작년에 만난 과 선배와 달달한 연애 중인데 함께 대학원에 진학할 계획이란 것도 알려 주었다.

교사를 학교에 있게 하는 힘은 학생들과의 지속적인 관계 맺음과 소통이란 생각이 든다. 사실 M도 중학교 때는 자신이 지금의 모습으로 자랄 수 있을 거라고 생각하지 않았다 한다. 한창 놀 때 함께 다니던 친구들이 스무 살 넘은 지금도 그렇게 살고 있는(물론 M의 기준이다) 것을 보면 "너 도대체 왜 그러니?"라고 말해 준단다.

교사의 말과 행동은 파급 효과가 크다. 교사에게 가장 중요한 것은 물론 수업이지만, 경력이 늘어날수록 그 수업이 좋은 수업이 되기 위해 필요한 것은 교과 지식이나 뛰어난 수업 기술 외에 학생들과의 공감대 형성이란 생각이 든다. 공감대가 형성되지 않으면 아무리 좋은 수업을 하는 교사라도 교실에서 혼잣말을 하고 나오는 것이다.

교사에게 학생은 '우리 반 학생'이지만, 학생에게 교사는 '나의 선생님'이다. 그래서 교사로 사는 것은 어렵고 또 어렵다. 그런데 참 매력적이어서 빠져나오기 쉽지 않다는 치명적 단점이 있다. 여러 어려움에도 불구하고 이 땅의 교사들은 교사로 살아간다. 교사는 그렇게 교사가 된다.

Y는 얼굴이 곱상하고 키도 훤칠한 아이였다. 첫날 본 Y의 인상은 강했다. 창가에 앉아 있던 그 녀석은 책상과 의자를 아예 창문 방향으로 돌리고 창밖을 멍하니 바라보며 있었다. 입학 후 둘째 주 즈음, 무언가를 먹다 수업 시간에 5분 이상씩 늦게 늘어오기에 불러서 얘기했다. 다 먹고 들어오거나 아니면 매점을 가는 횟수를 좀 줄여보라고.

그런데 Y는 대화의 맥락을 이해하지 못했다. 내가 하는 말을 알아듣고 답하는 것이 아니라, 문장이 끝나면 기계적으로 "네, 네"라고 대답하는 것이다. 나도 사람인지라 이런 학생을 보면 화가 날 때도 있다. 그렇게 시간이 흘렀고, 그 이후로도 Y는 자주 수업 시간에 늦게 들어오거나 아니면 엎드려 자거나, 옆 친구를 쿡쿡 찌르거나 벌떡 일어나 노래를 불렀다.

이런 행동이 다섯 번 넘게 반복된 날, 나도 결국 폭발하고 말았다. 다른 선생님들도 깜짝 놀라며 또 불려왔냐는 반응이다. Y의 담임 선생님에게 부모님과 Y에 대해 상담하고 싶으니, 학교에 와 주시면 좋겠다고 부탁을 했다. 담임 선생님이 전화를 하는 사이 나는 Y를 데리고 조용한 공간에 가서 대화를 했다.

"수업을 하는데 왜 갑자기 일어나서 노래를 불러? 선생님은 이해가 되지 않는데?"

"……."

"상식적으로 생각했을 때 말이 안 되잖아? 노래와 관련된 수업도 아니고 문법 단원 수업을 하는데 왜 갑자기 노래를 불렀어?"

"생각 없이 그냥 했어요."

"아……. 선생님이 고1 남학생의 수준을 너무 높게 봤나? 그건 좀 아니지 않아?"

"제가 머리로는 생각을 하는데, 몸이 안 따라요."

이후 Y와 많은 이야기를 나눴다. Y는 학교 수업을 마치고 학원에 갔다 집에 오면 11시쯤 되고, 귀가 후 휴대전화를 보다가 잔단다. 일하는 엄마가 애가 혼자 집에 있으니 차라리 학원에 보내는 게 낫겠다 싶어 학원에 보내고 있을 거란 생각이 들었다.

오후에 엄마가 학교에 오셨다. 아버지에게도 연락을 해서 두 분

모두 오시라고 했는데 엄마만 오셨다. 엄마는 담임 교사와 먼저 얘기를 나눈 다음 나와 만났다. 아들 때문에 학교에 오기까지 얼마나 많은 생각을 했을까? 다행히 엄마는 내가 하는 얘기를 잘 들어주셨다. Y를 낳고 직장에 다녀야 해서 5살 때까지 Y의 할머니인 시어머니가 키웠고 이후에 데려왔다고 한다.

아뿔싸, 나랑 똑같은 상황이다. 나도 큰애를 5살까지 친정 엄마에게 맡겨 키웠고, 아이를 데려온 후 많은 시간 동안 다양한 일을 겪었다. 아이의 이상하고 특이한 행동에 '어디서 저런 애가 나왔지?'라는 생각으로 자학했고, 큰애에게 몹쓸 말도 참 많이 하고, 매도 들곤 했다. 지금 생각하면 몸서리 처지게 그 시절이 무섭다. 결국 아이의 이상한 행동의 원인은 '나'였다. 내가 원하는 모습으로 자식을 보려 했으니 얼마나 우스운 일인가. 그때 큰애에게 무슨 짓을 한 건가 하는 생각이 지금도 문득문득 든다.

요즘도 화장을 하고 가기 위해 일부러 나보다 늦게 학교에 가는 큰아이를 보면 잔소리를 할 때가 가끔 있다. 차라리 화장을 하고 가는 큰아이에게 다른 엄마들처럼 "학생이 그게 뭐냐?"고 하면 괜찮은데 "엄마가 학교에 있는데 네가 그러고 다니면 엄마가 뭐가 되냐?"라는 잔소리를 하고 있는 나 자신을 볼 때, 부끄럽고 부끄럽고 또 부끄럽다. 어쩌면 Y에게도 내가 교사로서 보고 싶어 하는 학생의 모습을 이미 정해 놓고 보려 한 것은 아닐까?

Y의 엄마에게 나의 얘길 솔직하게 털어놓은 덕인지 얘기가 잘 풀

렸다. Y는 혼난다고 변할 애도 아니고 때린다고 변할 애도 아니니, 또래들보다 정서적으로 많이 어린 Y가 어떻게 하면 학교에서 잘 생활할 수 있을지를 함께 고민해 보자고 했다.

교사들은 학창시절 모범생이었던 경우가 대부분이다. 성적은 물론이거니와 상장 문구에 나오듯 언행도 타의 모범이 되었던 학생들이었을 것이다. 그래서 공부를 못하거나 행동이 거친 학생들을 이해하지 못하는 교사들이 많다. 자신이 그런 적이 없기 때문이라고 이해는 하지만 문제는 교사가 학생을 '자기 틀'에 가두고 볼 때 그 관계에서 문제가 생기면 해결하기 어렵다는 것이다. 교사가 이미 자기가 정해 놓은 답으로 문제를 해결하려 하기 때문이다.

내가 이 학생을 이러이러하게 교화하겠다는 사명감이 때로는 교육에 있어서 가장 중요한 교사와 학생의 관계를 어그러뜨리는 경우가 많다. 그렇다고 친구 같은 교사? 이런 콘셉트로 가자는 것은 아니다. 친구 같은 교사는 존재하지 않는다. 친구 같은 교사상을 잘못 이해하면 오히려 '교육활동에 대한 권한'인 교권을 보장받을 수 없다. 그래서 교사로 살기는 참 어렵다.

교사의 역할은 한 가지로 고정된 것이 아니다. 학급에 30명의 학생이 있다면 교사는 30개의 모습으로 학생들을 대해야 하니, 얼마나 힘이 들겠는가. 이러다 보니 교사는 학생들을 대할 때 어느 정도 학생다운 모습을 나름대로 규정하고 볼 수밖에 없다. 그렇지 않으면 엄청난 감정 소모가 요구되기 때문이다. 이것을 사명감으로만 해결할 수 없다는 것이 함정이다.

그래서 학급 당 학생 수를 줄이는 것이 매우 중요하다. 교육활동의 출발점인 교사와 학생의 좋은 관계를 만들기 위한 그리고 교사가 학생의 모습을 온전히 바라볼 수 있게 하는 토대가 되기 때문이다.

나도 학생이건 내 자식이건 '내가 원하는 대로', '내가 보고 싶은 것만' 보려 하는 태도가 불쑥불쑥 올라온다. 더욱 긴장해야겠다. 소위 인권을 공부하고 인권을 애기하면서 내가 뭘 하고 있는 건지……. 참 부끄러운 고백이다. 그래도 절망적이지 않은 것은 내 상황을 스스로 확인하고 점검할 수 있는 정도까지는 성장했다는 것이다. 이렇게 삶을 살아내다 보면 언젠가 정말 '어른'이 되지 않을까? 뭐 그리 어른이 되고 싶지는 않지만 말이다.

진
로
지
도
의 의
미

야간 자율학습 감독을 마치고 집에 걸어오
는 길, 옆 동네 아파트에 사는 남학생 반 L군을 만났다.

"야! 너 요즘 너무 자는 거 아냐?"

"아, 샘. 저 진짜 안 자려고 하는데, 잠이 막 쏟아져요."

L은 중학교에 다닐 때까지 소위 일진이었다는 아이다. 가끔 담배
도 피우고, 주말엔 약간의 음주도 하는 듯하다. 그런데 이 녀석 공부
머리가 아주 없지는 않다. 대답하는 것을 보나 평소에 태도를 보나
영 '꼴통'은 아니다.

언젠가 수업 시간에 책에 대한 얘기를 하는데 L이 모두 읽은 책이
라며 수업에 적극 참여한 적이 있었다. L이 신나게 얘기하는 것을 들

다가 "샘은 너 같은 날라리들이 공부 좀 잘해서, 이다음에 성공도 하고 힘들게 사는 사람들도 함께 행복하게 살 수 있는 영향력 있는 사람이 되면 좋겠다."라고 한 적이 있다.

가을 밤 달빛을 함께 맞으며 나눈 대화를 옮겨 본다.

"넌 도대체 밤에 뭘 하길래 요즘 그렇게 많이 자니?"

"밤에 영화 보고 책 읽고 딱 그것만 해요."

"그건 알아. 그런데 그렇게 밤과 낮이 바뀌면 어떻게 하냐?"

"……."

"예전에 샘이 네가 공부 잘하면 좋겠다고 얘기한 거 기억나?"

"네."

"그거 농담 아닌데."

"선생님, 전 하고 싶은 게 없어요. 그런데 다른 학교에 간 불알친구 둘이 있는데요. 걔네가 2학년이 되더니 갑자기 빡세게 열공을 하는 거예요. 이번 중간고사에서 한 놈은 전교 19등, 한 놈은 전교 40등했대요. 걔네 그거 성적이 엄청 오른 거거든요."

"야, 인마! 넌 공부를 안 하잖아!"

"저 공부 안 하는 거 맞아요. 그런데 걔네들이 성적이 막 오르기에 도대체 왜 그렇게 공부를 열심히 했냐고 물어봤더니 가고 싶은 과가 생겼대요. 한 놈은 피디가 되고 싶고, 한 놈은 교사가 되고 싶대요. 그래서 공부했대요. 앞으로도 더 열심히 공부할 거래요."

"넌 하고 싶은 걸 모르겠어? 가고 싶은 학과가 없는 거야?"

"하고 싶은 게 없어요."

"그래? 그럼 겨울 방학 때 고민을 좀 깊이 해 보면 어때(내가 말하고도 뜬구름 잡는 듯해서 민망했다)?"

"저도 그러고 싶어요. 그래서 저 요즘 담배도 주말에만 피거나 평일엔 빡칠 때만 펴요."

"야, 이 ××! 샘이 담배는 줄이라 했지. 끊지 못하겠으면! 술도 좀 줄이고!"

"히히."

"술, 담배 좀 줄이고, 책은 그대로 쭉 읽고, 영화도 많이 보고! 야동은 공유해라!"

"아, 진짜 샘! 저 이제 야동 안 봐요."

"이 ××! 잘 가, 인마!"

L과 헤어져 걸어오는 길, 진로교육의 의미를 생각해 본다.

진로(進路) [명사] ― 앞으로 나아갈 길.

진로지도(進路指導) ― 학생들이 졸업 후 나아갈 방향에 대하여 학교에서 담당하는 지도(직업 지도나 진학 지도를 말함).

국어사전을 찾아보았다. 처음에는 진로의 의미를 보고는 '그래, 이거야'라고 생각했다. 그런데 바로 아래 줄에 진로지도의 의미를 보고는 답답함이 올라온다. 결국 진로지도의 의미는 일종의 사회적 의미라고 봐야 할 듯하다. 왜냐하면 '앞으로 나아갈 길'을 지도하는 것은 불가능하기 때문이다.

최근 경기 불안과 고용 불안정으로 좋은 진로지도는 결국 '좋은 직업'을 찾을 수 있게 '좋은 대학'에 진학하도록 지도하는 것을 의미한다. 문제는 상위권 대학에 진학하는 것이 좋은 직업을 가질 수 있다는 보장이 어려운 사회가 되었다는 것이다. 인문계 상위권이건 자연계 상위권이건 학생들은 사범대나 교대를 선호하는 경우가 많다. 아마도 학생들 혹은 학부모들이 보기에 교사라는 직업이 꽤 매력적으로 보이나 보다.

자연계열 여학생들이 선호하는 학과는 간호학과이다. 그런데 안타깝게도 대학병원 간호사들의 열악한 근무환경과 심지어 재단 기념일 행사에 걸그룹 춤을 춰야 하는 비상식적인 현실이 최근 겉으로 드러났다. 여학생들이 간호학과에 진학하기 위해 얼마나 열심히 공부하는데. 우리 아이들이 힘겹게 공부해서 졸업을 하고 그런 노동환경에서 일을 하고 있다는 사실에 화가 난다. 거칠게 표현하자면 그런 일을 하는 줄 알았다면 딸내미를 간호학과에 보낼 수 있을까? 아무리 고임금 노동이라 하더라도 말이다.

참 서글프다. 정규직과 비정규직 차별의 문제가 아니라, 어느 직업이건 간에 '인간의 존엄성'이 존중되는 노동 구조는 불가능한 것일까 하는 씁쓸함이 밀려온다. 진로지도가 직업교육에만 머무르지 말고, 자기 존엄성을 지킬 수 있는 '앞으로 나아갈 길'에 대한 교육이면 좋겠다. 결국 인간은 자기 존엄성을 스스로 지킬 줄 알아야 타자의 존엄성을 지키는 것에 공감할 수 있기 때문이다. 진로지도에 대한 재점검이 이루어지길 기대해 본다.

최근 몇 년간 진로교육이 강조되고 있다. 고등학교에서는 이미 오래전부터 진로 및 진학교육을 강조해왔고, 중학교에선 자유학기제와 자유학년제까지 실시하며 진로교육 및 진로탐색 교육의 중요성을 강조하고 있다. 하지만 일련의 진로교육에 관련된 제도와 정책 등을 보며 현행 진로교육이 학생의 성장이나 학교의 교육과정과 유기적인 관계없이 지나치게 속도를 내는 것은 아닌가 하는 생각이 든다. 그래서 이런저런 고민들을 정리해 봤다.

1. 진로교육의 성과를 눈에 보이게 만드는 것이 단기간에 가능할까?
2. 진학을 위한 교육과 진로를 위한 교육은 일치하는가?

3. 2번이 가능하다고 할 때, 진로교육을 통한 '자아 찾기'는 가능할까?

4. 3번이 이루어졌을 때, 개인은 행복할까?

5. 학생의 자아 찾기와 진로 탐색을 중심에 둘 때, 교육의 목적은 무엇일까?

나는 무척 가난한 집에서 자랐다. 엎친 데 덮친 격으로 아버지는 알코올 중독자여서 그야말로 영화에나 나올 법한 가난하고 불행한 가정의 3남매 중 맏딸이었다. 운이 좋은 건지, 나는 공부를 못하지 않았다. 초등학교 다닐 때까지는 열심히 공부하지 않아도 그럭저럭 좋은 성적을 받았다. 중학교에 입학하고 나서는 매월 실시하는 모의고사 성적표가 학급 뒤 게시판에 붙는 것을 알고 열심히 공부하기 시작해서 줄곧 상위권의 성적을 유지했다.

고등학교에 입학하던 시기에는 고교 입시가 선지원 후시험제 즉 비평준화 제도로 바뀌었다. 나는 당당하게 지역 1순위 여자 고등학교에 입학했는데, 그 고등학교에는 지역의 중학교에서 상위권에 있던 아이들이 다 모였다고 볼 수 있었다. 그 덕분에 나의 고교 시절은 참혹했다. 아무리 공부해도 중학교 때만큼 상위권에 오르지 못했고 간신히 중상위권에 머물렀다.

드디어 고3이 되었고, 나는 두 번째 수능시험 세대로 시험을 보았다. 그러나 사회탐구 영역의 답안지를 밀려 쓰는 바람에 평소 모의고사 성적보다 20점이나 떨어진 성적을 받았다. 감히 '재수'를 하겠단 말은 할 수 없었다. 가난은 사람으로 하여금 모 아니면 도의 선택만 하게끔 하는 힘을 갖고 있다.

모의고사 성적만큼 성적이 나왔다면 내가 꿈꾸던 서울 모 대학의 사회학과에 지원하고 싶었다. 신문사 기자가 되고 싶었기 때문이다. 구체적인 이유가 있어서라기보다는 그냥 사회부 기자가 제일 멋있다는 감성 때문이었던 것 같다. 수능시험이 끝난 후, 매일 같이 눈물바람을 하다가 성적표를 받고 어느 대학에 갈지 고민하던 중 엄마가 폭탄 선언을 하셨다.

"사범대나 교대에 가지 않으면 대학에 보내지 않겠다."

사범대나 교대? 난 한 번도 생각해 본 적이 없는데? 일주일을 버티다 오직 대학은 다니고 싶다는 마음으로 사범대에 원서를 넣었고, 가까스로 합격했다. 아마도 내가 거의 꼴찌로 국어교육과에 입학했던 것 같다.

학부 시절, 나는 은둔형 외톨이였다. 원하지 않던 학과에 진학했다는 '오만함'이 나를 짓누르며 수업에도 간신히 출석하고, 오로지 도서관에 가서 '잡서'만 뒤적이고 있다가 저녁이 되면 생존을 위한 아르바이트를 했다. 가난은 나에게 단 한 번의 방학도 허락하지 않았다. 그래서 내 대학 시절은 절반 이상이 고단한 아르바이트 경험으로 점철되었다.

그럭저럭 다니다 4학년이 되어, 전공 필수 과목인 교육실습을 가야 할 때가 왔다. 당시 교육실습은 5주 동안 이뤄졌는데, 돌이켜보면 그 5주의 시간이 나를 지금 이 자리에 있게 한 골든타임이었다.

아이들과의 만남은 신세계였다. 아이들은 나에게 종알종알 모든 얘기를 털어놨다. 아이들과 얘기하는 순간 나는 희열을 느꼈다. 심지어 교생 신분으로 야자 감독도 자원해서 했다. 8시간의 문학 수업을 위해 밤을 새우며 수업 준비를 했고, 아이들의 적극적인 참여 덕에 연구 수업도 성공적으로 마칠 수 있었다.

교육실습이 끝나고 다시 대학교로 왔다. 지금껏 전공이나 교육학 공부를 제대로 한 적이 없었다. 게다가 우리 집은 찢어지게 가난해서 임용시험을 준비하는 학원을 다닐 수도 없는 형편이었다. 나는 학원 강사 아르바이트를 하며 공부를 해서 세 번의 시험 끝에 합격을 했고, 2000년 9월에 발령을 받아 국어 교사가 되었다.

처음에는 교사를 5년만 하고 그만두려 했다. 막상 발령을 받고 보니 교사라는 직업이 그다지 매력적이지 않았기 때문이다. 우선 돈을 벌어 학자금과 아버지의 빚 때문에 대출받은 돈만 갚으면 그만두겠다는 계획을 세웠다. 그런데 혼인과 출산을 하고, 생계형 교사가 되고 나니 그만둔다는 것은 현실이 허락하지 않았다. 그렇게 어찌어찌 교사로 살았다. 하지만 10년 차 되던 해엔 정말 교사로 사는 게 지루했다. 지루해서 미칠 것 같았고, 그게 몸으로도 나타나서 급체를 두 번씩이나 하면서 결근을 이틀이나 하는 초유의 사태가 발생했다.

그때 나는 내가 하고 있는 일과 원래 하고 싶었던 일이 무엇인지를 돌이켜보았다. 원래 내가 하고 싶었던 일은 사회학과에 진학해서 신문사 기자가 되는 것이고, 하고 있는 일은 국어 교사. 그럼 이걸 어떻게 절충할까? 그래, 내가 하고 싶었던 공부를 해 보자. 이후 나는 교육사회학을 공부하기 위해 대학원에 진학했다.

대학원에 진학하고 애들 둘을 챙기며 공부하느라 밤 10시나 돼야 책상에 앉을 수 있었는데, 오랜만에 공부를 하려니 글자가 한 개도 머리에 안 들어오는 것이 아닌가. 일주일에 소논문을 세 편씩 내주고 과제를 발표하게 하는 교수님의 수업을 듣기 위해 한 편의 논문을 세 번, 네 번씩 읽었다. 다 읽고 정신 차리면 새벽 3시나 4시. 지금 그렇게 하라고 한다면 자신이 없다.

나는 서른여섯 살에 대학원에 진학했다. 그냥저냥 교사로 무난하고 평범하게 살아도 문제가 없을 때였다. 그래서 한번 생각해 봤다. 왜 사서 그 고생을 자처했을까? 합리적인 이유는 아니지만, 인간은 자기가 하고자 하는 일은 언젠가는 반드시 하게 되기 때문이 아닐까? 물론 하고 싶은 일을 일찍 시작하는 것만큼 행복한 일은 없지만 말이다. 나는 교사였기에 그리고 정말 원했던 공부이기에 서른여섯 살이라는 나이에 대학원에 가서 원래 공부하고 싶었던 '사회학'을 '교육사회학'으로 배우고, 감사하게도 논문도 쓰고 할 수 있었다.

나는 아이들에게 내 얘기를 해 주면서 말한다.

"샘은 전형적인 진로교육 실패 사례야. 그래도 샘은 운이 좋았어. 그런데 얘들아, 한번 생각해 보자. 정말 공부를 잘해서 교사, 의사, 약사가 되었는데 막상 되고 보니 그게 나와 맞지 않는 일임을 알게 되면? 그때의 그 공백은 어떻게 메울 수 있을까? 어른들은 성적이 잘 나오면 선택의 폭이 넓어진다 하지? 반드시 그렇지는 않아. 너희들은 어떤 상황과 조건에서 공부를 하게 되니?”

“…….”

“샘이 말해볼까? 그건 자신이 하고 싶은 일을 찾았을 때야. 그게 의사건, 약사건, 교사건, 미용사건, 노가다 십장이건 간에 내가 좋아하는 일, 하고 싶은 일을 찾으면 누구라도 공부를 하게 돼. 어른들은 반대로 말하는 거야. 왜냐면 지금 너희들 부모님은 우수한 성적이 곧 좋은 직업을 어느 정도 보장해 주는 시대를 살았거든. 하지만 정말 미안하지만 얘들아, 요즘은 아니야. 그건 우리 탓이 아니라, 우리 사회와 전 세계적인 경제와 노동 구조의 왜곡 때문이지. 명문대학 졸업장이 좋은 직업을 보장해 주는 시대는 미안하지만, 이제 거의 끝났다고 생각해야 해.

그렇다고 공부를 하지 말라는 게 아니지. 공부라는 말의 의미를 너무 좁게 사용하지 말자는 거야. 공부는 자기를 알아가는 거야. 그래서 학교 수업도 올바로 이루어지면 곧 나 자신을 알게 해 주는 수단이 돼. 가장 중요한 건 너희들 자신이 무엇을 하고 싶어 하는지를 아는 거야.

샘은 이번 겨울 방학에 너희들이 하고 싶은 일이 뭔지, 그게 어려우면 원하는 전공이 무엇이고 왜 그걸 원하는지를 고민하는 시간을 가지면 좋겠어. 결론이 나지 않아도 괜찮아. 이제 겨우 고3이 되는 걸. 미래에 대한 치열한 고민은 내 삶을 풍성하게 해 줄 거야. 샘이

해 봐서 알아."

교사는 어떻게 진로교육을 해야 하는가? 진로를 학교에서 교과목으로 배울 수 있는가? 진로교육이야말로 학교와 사회가 협업하여 진행해야 할 가장 중요한 '교과목'인데, 어째 흘러가는 모습을 보면 '직업 체험의 나열'인 경우가 많아 보인다.

진로교육이 중요한 이유 중 하나는 진로교육을 통해 직업에는 귀천이 없다는 소중한 가치를 가르쳐야 하기 때문이다. 우리 사회만큼 직업에 대한 귀천의 구분이 심한 사회가 있을까? 기본적으로 몸을 움직이고 땀을 흘려 일하는 직업과 자리에 앉아서 서류를 다루는 직업에 대한 차별이 존재하는 사회의 의식을 건강하게 바꾸는 데에 있어 진로교육의 역할이 중요하다.

우리는 타인의 직업으로 사람을 얼마나 많이 차별하는가? 건널목에서 아이와 신호를 기다리던 엄마가 환경미화원을 보고 "너 공부 안 하면, 저렇게 된다."라고 아이에게 말하는 사회. 진로교육은 직업에 대한 이러한 왜곡된 인식을 바로잡는 목표도 함께 설정하고 진행해야 할 것이다.

큰애를 중학교에 입학시키는 친구는 나만 보면 자유학년제 때문에 애들이 공부를 안 하면 어떻게 하냐고 하소연을 한다. 처음에는 학부모들의 이런 고민을 이해하기 어려웠다. 그러나 자유학년제나 자유학기제나 다소 성급하게 시작했다는 것은 인정해야 할 것 같다. 자유학년제야말로 앎과 삶을 일치시킬 수 있는 좋은 제도임에도 불구하고 준비하는 과정이 부족했음을 이제라도 인정하고, 지금부터 무엇을 할 것인가를 고민해야 한다.

모두 4차 산업혁명을 말한다. 그러나 결국 미래나 지금이나 그리고 과거에도 필요한 것은 한 사람 한 사람의 건강한 나다움이다. 교육의 의무는 조금 멀리 가고 돌아가더라도 학생 한 사람 한 사람의 건강한 나다움을 찾아줄 수 있는 방향을 끊임없이 모색하는 것이 아닐까 한다. 나는 아이들이 자기 존재에 대하여 고민할 시간과 틈을 주는 교사인가 생각해 본다.

경기도 김포의 한 어린이집 교사가 아동 학대 의심을 받다가 지역 엄마들의 인터넷 카페에 개인정보가 유출된 후 스스로 목숨을 끊는 사건이 발생했다. 실제로 교사가 아동 학대를 저질렀는지에 대한 정확한 조사나 사실 확인도 없이, 지역 엄마들의 온라인 커뮤니티에서 일부 엄마들의 감정적인 접근으로 교사의 개인정보가 유출된 경우라 더욱 안타깝다.

나는 이 사건을 접하며 우리 사회가 개인정보 보호에 얼마나 둔감한지 또 우리 사회가 보육교사를 어떻게 대하는지 그 민낯이 드러난 듯해서 가슴이 답답했다. 개인적으로 두 딸을 키우며 겪은 7년간의 공동육아 경험을 떠올리며 글로나마 교사의 명복을 빌고자 한다.

나는 두 딸들을 협동조합형 공동육아에서 키웠다. 큰아이는 여섯 살부터 일곱 살까지, 둘째는 29개월부터 초등학교 입학 전까지 공동 육아를 했다. 추억도 많지만 다양한 사람들이 모이는 공간이라 별의 별 일을 다 겪었다. 협동조합이라는 것이 워낙 운영하기가 쉽지 않 기도 하지만, 공동육아를 사회운동의 하나가 아니라 내 아이를 위한 더 좋은 교육, 딱 이 수준으로 보고 오는 부모들과 가치관이 충돌했 기 때문이었다.

내가 공동육아를 찾아가게 된 건 기질이 특이한 큰아이 때문이었 다. 그 원인은 여러 가지였겠지만, 결국 5세까지 어린이집을 다니다 가 6세가 될 때 공동육아로 옮겼다. 사실 공동육아로 옮기기로 마음 먹은 결정적 이유 중 한 가지는 일반 어린이집에 다닐 때 본 충격적 인 장면이다.

어느 날, 퇴근을 하고 큰아이를 데리러 갔는데 종일반에 다니는 큰아이 또래들이 두 줄로 앉아서 만화 〈짱구〉를 보고 있었다. 그 상 황도 좀 불편했는데, 아이들이 노래방에서나 나오는 커다란 과자 봉 지와 온갖 캐러멜을 손에 쥐고 허겁지겁 먹고 있는 것이었다. 하원 전에 이렇게 단 걸 먹으니 집에 오면 저녁을 잘 안 먹고 밤늦게 배고 프다고 했던 것이었구나. 심지어 한 반 20명의 원아가 있는데 교사 는 달랑 한 분. 5세반 아이들 20명을 교사 한 명이 돌본다? 상식적이 지 않다.

과감하게 공동육아로 옮긴 후 매일이 새로웠다. 우선 입학 전에 교사회와 이사회가 부모 상담을 심층면접 수준으로 하고, 아이의 등원 여부를 어린이집 이사회에서 토의한 후 결정해서 통보한다. 이때 아이뿐만 아니라 부모도 공동육아에 함께할 수 있는지가 등원 여부를 판단하는 중요한 기준이 된다. 다행히 우리는 등원할 수 있게 되었고, 이후 7년을 공동육아에서 나는 부모교육 담당과 어린이집 행사 담당 이사로, 남편은 재정 이사로 온전히 시간을 쏟아부었다.

7년간 생활한 공동육아에서 정말 많은 일들이 있었다. 안타깝게도 공동육아 생활 마지막 해엔, 교사에게 갑질을 하는 부모가 나타나 어린이집을 쑥대밭으로 만들었다. 당시 나는 교육 담당 이사였고, 교사회와 긴밀하게 소통하며 어린이집 교육을 이끌고 있었다. 그 부모는 자기 아이를 관심 있게 봐 주지 않는다는 이의제기를 하고, '애들이 이렇게 적은데, 급여가 왜 그리 많냐'는 발언까지 서슴지 않았다(물론 이 외에도 많은 일들이 있었으나 생략한다). 결국 이사회에 안건을 올렸다. 안건은 '교사 교육활동 방해'였다.

긴 시간의 회의 끝에 그 가구(공동육아에서는 새로운 아이가 올 때 누구누구네 집이 온다고 표현한다)를 퇴출시키기로 했다(알고 보니 이미 퇴원을 결정한 후였지만). 나는 나갈 때 나가더라도 그간 교사에게 했던 모욕적인 언행을 공식적인 자리에서 사과하라고 했다. 당신들 때문에 교사들이 스트레스를 받았고 그로 인해 아이들에게 양질의 교육이 제공되지 않았다는 것이 내가 사과를 요구한 이유였다. 물론 그 부모는 나를 비롯한 이사회를 비난하는 글을 어린이집 누리터에 잔뜩 써

놓고 어린이집에서 사라졌다.

7년간 공동육아를 하면서 나는 딱 두 가지를 배웠다. 첫째, 협동조합은 여러 가지 대안 중 한 가지라는 것. 그전에는 협동조합이 모든 문제를 해결해 줄 수 있다고 생각했었다. 물론 내가 협동조합에 대한 공부를 덜 했기 때문일 수도 있다. 둘째, 보육은 이미 공공영역이 아닌 시장으로 넘어갔으며, 보육교사들은 중산층 직업여성의 돌봄 노동을 대체하는 또 다른 대상이라는 것.

가끔 공동육아를 하는 엄마들 중에 자신이 바쁘면 교사에게 퇴근 후 육아를 부탁하는 사람들도 있었다. 물론 갑자기 일이 생겨서 불가피하게 그럴 수는 있지만 수시로 그러는 집이 있었다. 나는 정중하게 "퇴근 시간 이후 교사의 휴식 시간을 우리가 보장해 주어야 다음날 좋은 돌봄과 교육이 가능하니 가급적 퇴근 이후 돌봄은 교사 말고 다른 집에 부탁하시라." 했다. 돌아온 그 엄마 답이 가관이었다.

"그렇게 비싼 보육비를 내는데, 야근 좀 해도 되는 거 아니에요?"

나는 '보육비를 내는 만큼 돌봄을 원한다면 09시부터 18시까지 하면 된다. 공동육아 교사들의 노동 강도는 엄청 세다'고 맞받아쳤다. 이후 어떤 일이 있었는지는 얘기하지 않아도 짐작할 수 있을 것이다.

공동육아를 하면서 나는 궁금했다. 도대체 월급도 박봉이고 노동 강도도 센 이곳에서 왜 교사들은 이렇게 장기근속을 할까? 결국 궁금증을 해결하기 위해 나는 서울, 경기 그리고 내가 다니던 공동육아 교사 11명을 인터뷰해서 석사 논문을 썼다. 주제는 '육아공동체 교사의 생애사 연구'였다. 내가 맺은 논문의 결론은 만만하지 않은 근무 환경에도 불구하고 공동육아 교사가 장기근속을 하는 이유는 부모들과 맺는 끈끈한 관계와 부모들로부터 받는 존중, 교육활동에 대한 지원이었다.

공동육아의 교사들은 온전히 교육활동에만 전념하는 것이 가능하다. 그것을 위해 부모들은 교사 재교육에 대한 투자도 과감히 하고, 안식월도 제공한다. 교사에게 안식월을 제공할 때는 대체 교사를 구하고 대체 교사와 부모들이 긴밀하게 소통하면서 아이들이 한 달여간의 바뀐 환경에 잘 적응하며 지내다가 안식월을 마친 교사를 맞이할 수 있도록 지원한다. 이건 일반 어린이집에서는 가능하지 않다.

보육은 이미 시장으로 넘어간 지 오래다. 시장의 순기능보다는 역기능이 아주 부정적으로 발생하는 곳 중의 하나가 바로 보육시설이다. 유치원을 운영하는 원장들이 유치원을 사유재산으로 인식하는 우스운 상황을 이미 접하지 않았는가? 그러니 유치원 교사들은 그저 원장에게 고용된 직원에 불과하다는 인식이 팽배하고, 학부모들 노 교사를 대할 때 무의식적으로 내가 내는 원비로 고용한 직원이라는 생각을 한다.

유아교육과 보육을 공공의 영역으로 끌어오지 않는다면 비극적인 일은 또 발생할 것이다. 그것이 교사에게는 자괴감을 넘어 때로는 스스로 생을 마감하는 것으로, 아이들에게는 저질의 교육과 급식으로 돌아온다.

어느 순간부터 학부모는 교사를 심판하는 위치에 서 있다. 단순하게 생각해서 내 자녀에게 양질의 교육 서비스를 원한다면 내 아이를 가르치는 교사에게 양질의 서비스를 제공하는 것이 당연한 일이다. 그런데 양질의 서비스는커녕 교사의 자존감을 떨어뜨리는 일만 생기고 있으니 이걸 어디서부터 해결해야 할까?

물론 교사들도 자신의 태도를 돌아봐야 한다. 교권에 대한 명확한 개념 정립과 교권을 지켜 주는 주체가 누구인지를 바로 알아야 자신의 교권을 지킬 수 있다. 교권은 '교원 치유 힐링 연수'로 지켜 줄 수 있는 것이 아니다. 교육활동을 할 권리인 교권은 국가가 지켜 줘야 하는 것이지만, 교사 개인의 인권으로서의 교권은 교사 스스로가 지키는 연습을 해야 한다.

이를 위한 전제 조건은 학교 문화를 민주적으로 만드는 것이다. 학교 문화의 민주화는 교사 문화를 민주적으로 만드는 것에서 시작한다. 조금 뜬금없지만 인권은 모여서 말하고, 떠드는 것에서 시작한다. 교사들이 모여서 자기 생각을 말하는 것이 어색하지 않은 문화부터 스스로 만들어야 하지 않을까?

다시 한 번, 생의 마지막 순간에 너무나도 쓸쓸하고 서러웠을 고인의 명복을 빈다.

교육과 돌봄은 다르다

복직을 앞둔 교사 대상 연수에서 강의를 한 적이 있다. 복직을 앞두고 여러 가지로 심란한 마음을 토로하는 후배들을 보면 남의 일 같지 않다. 나 역시 두 딸의 엄마로 이런 기간을 거친 엄마이며 선생님이기 때문이다.

집에 있는 갓난쟁이가 혹시 엄마를 찾지는 않을지, 젖 물릴 시간이 되었는데 연수는 언제 끝날지, 연수를 받는 동안에도 이렇게 심란한데 학교로 돌아가면 더하면 더했지 덜하지는 않을 텐데 등등 걱정이 태산이다. 하지만 피할 수 없는 복직은 코앞으로 다가왔다. 학교는 그리고 학생들은 얼마나 변해 있을지, 그 아비규환 속으로 어떻게 돌아가야 할지, 복직해서 수업이나 업무는 제대로 할 수 있을

지 등등 여러 가지 생각이 들 것이다.

　나는 복직을 앞둔 후배들에게 먼저 경험한 선배로서 "다시 제자리를 찾아가는 것이니 걱정하지 말라."는 말을 해 주곤 한다. 개인적으로는 출산 후 복직을 하고는 학생들이나 동료 교사들이 달리 보였다. 아마 출산과 육아로 인해 사람을 보는 관점이 달라졌기 때문일 것이다.

　육아와 일을 함께 하는 것은 쉽지 않은 일이다. 아이가 아프거나 갑자기 아이에게 일이 생기면 발을 동동 구를 때도 있다. 그럴 때 온전히 엄마의 잘못이라고, 또 엄마가 모든 것을 해결해야 한다고 생각하며 자괴감에 빠지지 말기를 바란다. 아이가 아픈 것은 성장의 한 부분일 뿐, 엄마의 잘못이 아니기 때문이다.

　일하는 엄마들에게 가장 곤란한 문제는 일하는 동안 아이를 돌봐 줄 사람을 찾는 일이다. 많은 부모들이 아이가 초등학교에 입학하면 돌봄교실에 아이를 맡기기를 원한다. 나도 일하는 엄마였기 때문에 돌봄교실을 원했지만, 초등학교에서 돌봄교실을 운영하는 것에는 반대한다. 참 모순적이다.

　내 딸은 돌봄교실을 신청했다가 하루 만에 나왔다. 아이에게 이유를 물으니 "놀고 싶은데 자꾸 이것저것 하라고 하고 밖에 나가지 못하게 해서."라고 했다. 이후 둘째는 학교가 끝나면 책가방은 학교 앞 어린이 도서관에 두고 온 동네를 놀러 다녔으며, 고학년이 된 지금은 가방을 메고 온 동네를 놀러 다닌다.

내가 학교의 돌봄 기능이 강화되는 것에 반대하는 이유는 학교 돌봄교실을 담당하는 여성 노동자의 가정과 육아는 또다시 소외될 가능성이 많기 때문이다. 그들이 야근을 할 때 그들의 가정과 자녀는? 토요일에도 출근을 하는데 그럼 그 시간에 그들의 자녀는? 썩은 톱니바퀴의 맞물림 아닌가?

일하는 엄마를 위해 초등학교에 돌봄교실을 두는 '땜방식 대응'은 이제 그만하고 노동 구조를 손봐야 하는 것 아닐까? 적어도 보호자 중 한 사람은 자녀가 하교하는 시간에 맞추어 노동을 마쳐도 먹고살 수 있도록 말이다. '저녁이 있는 삶'을 바라지 않을 사람이 어디에 있을까? 한 푼이라도 더 벌어 자녀를 더 좋은 대학에 보내려는 부모의 욕망이 야근, 특근으로 이어지는 게 아니라 야근, 특근을 해야 4인 가족이 겨우 먹고살 수 있기 때문이다. 그래서 노동 구조를 먼저 개선해야 한다.

학교의 돌봄 기능이 강화되는 것에 반대하는 또 다른 이유는 학교는 교육활동이 가장 우선시되어야 하는 곳이기 때문이다. 교육과 보육이 그게 그거 아니냐고 하면 초중등학교는 존재 의미가 희미해진다. 보육과 교육이 뒤섞이면 결국 그 노동 강도로 인한 스트레스는 교사에게 고스란히 전해질 것이다.

더구나 돌봄교실 노동자의 고용 및 노동 조건은 어떠한가? 교육활동의 질을 높이기 위해 근본적인 문제점을 찾아 개선하는 것이 아니라, 무엇인가를 급조해서 추가하면 실패할 수밖에 없다는 것을 이미 사교육비 경감을 위해 실시한 방과후 수업에서 어느 정도 확인하지 않았는가?

우리 집 둘째가 전직한 엄마에게 갖는 가장 큰 불만은 하교하고 집에 와서 저녁을 혼자 먹게 된 것이다. 그나마 교사일 땐 잠깐 집에 와서 같이 저녁을 먹고 다시 학교에 일하러 갈 수 있었지만 전직 이후엔 그게 쉽지 않다. 둘째가 혼자 밥 먹기 싫다는 말을 할 땐, 참 난감하다. '전문직'인 엄마를 둔 아이도 이러한데, 하물며 불안정 노동에 시달리는 보호자들은 오죽할까 싶다.

하교해서 집에 가면 컴컴한 거실의 불을 켜고 혼자 대충 라면이나 끓여 먹고 있다가 곧바로 스마트폰이나 컴퓨터와 한몸이 되는 아이들. 아이들이 가정에서 받는 존중은 뭘까? 가족들과 함께 먹는 따뜻한 저녁밥 한 끼, 짧은 시간이라도 부모로부터 받는 양질의 돌봄으로부터 나는 존중받고 있다는 본능적 느낌이 몸에 쌓여 가는 것이다. 이는 보호자의 삶의 조건이 안정되어야 가능하다.

해고의 위협이 항상 도사리고 있는 상황에서 어느 보호자가 자녀를 제대로 돌볼 수 있겠는가? 쌍용차 해고 노동자들의 자녀들이 어떤 상처를 겪었는지를 보며 알 수 있지 않은가. 나처럼 안정적인 고용이 보장되는 엄마도 야근하고 들어가는 일이 잦아지면 아이들이 징징거리는데…….

부모는 돈을 버느라 자기 자녀를 돌보지도 못하고 쳇바퀴 도는 듯한 노동에 시달리는데(어지간히 좋은 직업이 아닌 이상), 그 고된 몸을 이끌고 집에 와서 자녀에게 양질의 돌봄을 제공하기를 바란다는 것은 어불성설이다.

학교에서 아이들을 15시, 16시 30분, 18시 30분까지 데리고 있는 것은 돌봄이 아니다. 돌봄과 교육은 다르다. 학교에서 아이들을 데리고 있는 것이 아니라, 적어도 학생의 보호자 중에 한 사람은 자녀의 하교 이후를 책임질 수 있게 지원해 주는 것이 가장 좋은 돌봄 정책이 아닐까? 학교에서는 수업 자체가 좋은 돌봄이 되면 된다. 그것이 곧 좋은 교육이다.

학생이 수업 시간에 출석을 확인하던 교사를 빗자루로 때리고 교사 주변에 침을 뱉는 동영상이 화제였다. 이미 언론은 그 동영상을 교권 침해라는 프레임에 가두고 대대적으로 자극적인 보도를 했다. 처음엔 그 영상이 실시간 검색 순위에 올라도 일부러 안 봤다. 그런데 JTBC 뉴스에서 보도를 해서 영상을 볼 수밖에 없었다. 영상의 내용은 이러했다.

1. 학생들이 교사를 빗자루로 때리고 교사 옆에 침을 뱉으면서 교사를 희롱

2. 교사는 30대, 남성, 기간제 교사

3. 영상은 주로 교권 침해라는 키워드로 검색이 됨

지금부터 지극히 개인적이고 편파적인 교육 이야기를 해 보고자 한다. 그 영상의 상황을 그저 교권 침해로 보기엔 뭔가 부족하다. 우선 교권이란 단어가 빗자루 폭행 사건에서 쓰기에는 그 의미가 부족하기 때문이다. 인권(人權)은 인간이 본래적으로 지닌 권리이다. 인간이기 때문에 지닌 권리가 인권인데, 인간은 자격이 아니라 현존(現存)하는 것이므로 인권은 1차적 권한이다. 한편 교권(教權)은 어떤 인간에게 교사라는 자격이 주어지면 생기는 2차적 권리이다. 하지만 우리는 아버지가 되거나 어머니가 되었다고 해서 모권, 부권이라는 말을 사용하지 않는다. 이렇게 볼 때 교권은 다른 자격들과 달리 좀 특별한 자격임에는 분명하다.

인권은 보편적인 것이지 한 인간의 자격에 따라 주어지는 것이 아니다. 위에서 얘기한 영상이 교권 침해만으로 보기에 어려운 이유는 학생들의 행동이 단순하게 교사의 수업할 권리나 교육활동을 권리를 침해한 것 이상이기 때문이다. 내가 생각하기엔 영상 속의 교사가 '기간제'라는 것에 초점을 두고 영상의 내용을 이해하는 것이 더 적합하다. 학생들이 본능적으로 기간제 교사가 학교에서의 약자임을 알고 저지른 행동이라는 것이다. 물론 영상만으로는 기간제가 아닌 교사에게 어떻게 했는지 확인할 길은 없다.

나는 영상을 보며 10여 년 전의 어느 기억을 떠올렸다. 2011년에 나는 한 중학교로 발령을 받아 3학년 담임을 하게 됐다. 당시 3학년은 한 반에 31명이었는데, 그때 그 아이들의 대부분이 거칠게 비유하자면 '늑대소년' 같았다.

내가 전입하기 전까지의 학교 상황은 교육부 지정 연구학교인 '돌봄학교'를 한답시고 중학교 아이들을 9시까지 잡아 두고 야간학습을 시켰다. 게다가 학교에 '돈'이 많다 보니 학생들의 학업 성적을 끌어올린다는 명분으로 국영수과사 소위 '주요 과목'을 수준별 수업으로 운영했다. 이를 위해 과목별로 정교사 외에 '인턴 교사'를 채용했다.

당시에 근무했던 인턴 교사들은 학생들을 '장악'하지 못했다. 아니, 이건 틀린 표현이다. 인턴 교사가 학생들을 장악하지 못한 것이 아니라 학생들이 인턴 교사를 '졸'로 보고 인턴 교사가 수업을 할 때만 교사의 '수업할 권리'를 침해했다. 그런데 학생들은 기간제 교사의 수업할 권리만 침해한 것이 아니라, 정교사 중에서도 '만만한' 교사의 수업할 권리도 철저하게 무시했다. 그렇게 1학년과 2학년을 보낸 아이들을 전입 교사인 나에게 담임을 맡겼다.

전입하자마자 학교의 이상한 '기운'을 느끼며 교실로 들어갔다. 교실에 들어서자마자, 학교의 모든 교사가 '통제 불가'라는 정보를 준 L이 나를 자극하기 시작했다. 이유 없이 의자를 발로 차고, 교실에 침을 뱉고, 지속적으로 혼잣말을 중얼거렸다. 10여 분이 지났을까? 나는 L이 하는 행동을 가만히 놔두고 있다가 교과서를 조용히 내려놓았다.

"너, 나와."

"에이, ××. 여선생이 재수 없게."

"재수 없어? 너 나와!"

당시 교실은 1층 현관 바로 옆이었다. 나는 교실 앞문을 열고 건물 밖 등나무 그늘로 나갔다. L과 내가 마주보고 섰고, 뒤에 남학생(L의 수하로 보이는)들이 10명 정도 둘러섰다.

"너 뭐냐?"

"왜요? 나 아무것도 안 했는데? 재수 없게. ××."

"야! ××. 너만 욕해, 이 ××야!"

"어? 선생이 학생한테 욕하네?"

"그래, 이 ××! 고발해!"

"야! 들었냐?" 하더니 상의를 벗고 얼굴을 바짝 들이밀더니 한 대 칠 기세로 씩씩거렸다.

"그래, 쳐라. 어디 학생한테 맞고 신문에 한번 나보자!"

"……."

"왜? 막상 때리라니까 못 치겠어? 이 XX! 너 여태 이랬냐? 야, 세상에서 제일 찌질한 게 약자한테 센 척하고 센 놈한테 납작 숙이는 거야. 이 ××! 어디서 못된 것만 배우고. 너 여태 여자 선생님들한테 이런 식으로 했어? 그래, 어디 한번 쳐봐!"

"에이, ××." 하더니 L은 도망을 쳤다.

L은 나의 교권도 교권이지만 교사 개인이 가지는 인권도 침해했다. 본능적으로 강자에게 굴복하는 것만 몸으로 배운 L은(그의 성장

환경을 보면 한 편의 소설이다. L은 내가 교사로 살면서 처음 경찰서에 가게 해 준 장본인이다) 약하다고 생각하는, 아니 약하게 보이는 모든 존재에게 힘을 발휘해 오며 살다 하필이면 나 같은 여교사에게 딱 걸린 거다.

학생들은 본능적으로 안다. 학교에서 누가 정직원이고 기간제 파리 목숨인지 말이다. 이걸 어디서 배웠을까? 학교와 집에서 배운다. 학교에선 교사들의 뒷모습에서, 집에선 "공부 안 하면 저렇게 된다."라는 부모의 훈육을 통해 말이다. '저렇게'의 대상이 학교에서는 비정규직들이다.

'교권 침해'라며 나오는 영상의 주인공들은 대개 기간제 교사이거나, 나이가 많은 선생님인 경우가 많다. 결국 이것은 인권 감수성이 부재한 우리 사회의 현실과 노동 구조 문제로 다양한 비정규직의 온상이 되어 버린 학교가 원인을 제공한 것이 아닐까?

내가 깡다구가 있어서 학생들이 나를 건드리지 않았을 거라고? 아니다. 사실 나는 남학생들과 지내는 것이 즐거우면서도 버겁다. 하지만 고등학교 2학년 정도 되면 기본적으로 '개겨도' 어느 선 이상은 넘지 않는다. 그건 그들을 대하는 나의 태도와 나의 정규직이란 신분이 동시에 작용했을 것이라는, 뿌듯하기도 하고 동시에 서글프기도 한 분석을 해 본다. 폭행 영상을 공유하고 교권 침해라고 개탄하는 사람들을 보며 조금 씁쓸했다. 교권을 왜 학생에게만 보장받아야 한다고 생각하는지…….

국가는 교권을 보호할 책임을 학교장과 교감에게 주었다. 그래서 교사보다 더 많은 권한을 가진다. 그리고 그 권한으로 교사의 교권을 보호할 책임이 있다. 수업을 방해하여 친구들의 학습권과 교사의 교권을 침해하는 학생이 그러한 행동을 하지 못하도록 지도할 첫 번째 책임이 누구에게 있는지 분명하지 않은가? 교사 스스로 교권의 명확한 개념을 갖는 것도 중요하지만, 교권 보호의 책임자가 누구인지를 분명하게 하는 것도 중요하다. 책임자로서 받은 권한은 내가 돌보는 사람들을 위한 것이지 나의 욕망을 드러내기 위한 수단이 아님을 다시 한번 되새겨 본다.

12년 전, 나는 춘천시 외곽의 한 남녀공학 중학교에 근무했다. 당시 남학생 J를 담임했는데, 녀석은 3형제 중 둘째로 J의 형도 내가 담임을 했다. 두 녀석은 연년생 형제다. 형은 순종적이고 성실하며, 어른들 말씀에 '아니오'라고 말하지 않는 학생이었다. 그런데 학교가 크지 않다 보니 자연스레 J가 입학했을 때 "너 누구 동생이라며?"라는 말을 선생님들이 많이 했다. 그런데 J는 형 얘기를 들으면 매우 민감하게 반응하고, 때론 폭력적으로 돌변하여 사고를 치곤했다.

나는 J를 2학년 때 담임을 했는데, 개학 첫날 교실에 들어가니 이글이글 타는 눈빛으로 '날 건드리기만 해 봐, 누구든 가만두지 않을 준비가 돼 있다고!'라고 온몸으로 말하고 있었다. 그러던 어느 날, J가 우리 반에서 체구가 가장 작고 힘이 약한 아이를 그야말로 두들겨 패는 사건이 있었다. 여학생들이 다급하게 쫓아와 J가 친구를 엄청나게 때리고 있다고 해서 교실로 헐레벌떡 뛰어갔더니, J는 정말 살기 어린 눈으로 친구를 '패고 있었다'.

나는 당장 그만두라고 소리를 질렀다. 그런데도 J는 아랑곳하지 않고 계속 친구를 때리는 것이었다. 나는 J에게 가서 J의 손목을 잡았다. 힘으로는 내가 당연히 지는 상황이었지만 정신을 차린 J는 이내 주먹을 멈추고 씩씩대며 교실을 뛰어나갔다.

교실을 정리한 후, 나는 J를 불렀다. 도대체 왜 그리 사람을 때렸냐고 물었다. 이유는 '띠껍게 쳐다봐서'란다. 머릿속에 띵 하는 소리가 울렸다. 그건 아마 화가 나는 소리였던 것 같다.

다음날 J의 아버지와 어머니가 함께 학교에 오셨는데 누가 봐도 J는 엄마를 쏙 빼닮았음을 알 수 있었다. 자초지종을 설명하고 나는 J의 부모에게 J의 폭력성이 형과 비교당하는 데서 생긴 것 같다고 말씀드렸다.

다행히 부모님도 그런 상황을 잘 알고 계셨고, 집에서는 늘 조심하는데 밖에 나가면 주변 사람들이 늘 J를 형과 비교해서 난감하다 하셨다. 나는 앞으로 학교에서는 담임 교사인 나를 비롯해서 선생님들께도 J에게 그런 말을 하지 않도록 당부하겠다며 면담을 끝냈다. 이후 J는 그럭저럭 지냈다. 가끔은 시크하게 가끔은 욱하는 모습을 보이며 그럭저럭 말이다.

얼마 후 스승의 날에 교무실로 J의 엄마가 수줍게 들어오셨다.

"선생님, 이거 우리 마당에 자란 두릅인데요. 제가 미리 따서 냉장고에 넣어두었던 거예요. 지금 따는 두릅은 너무 웃자라 맛이 없거든요."

"아니, 제가 두릅 좋아하는 거 어찌 아셨어요?"

"아, J가 선생님이 수업 시간에 시 수업을 하다가 두릅을 좋아한다 하셨다고 얘기하더라고요."

나는 울컥하는 것을 참으며, 반 자루나 되는 두릅을 학교 선생님들과 나누어 먹었다.

이후 J는 무사히 중학교를 졸업했다. 그리고 5년여 후, J의 형이 연락을 해왔다. 아버지가 오리구이 집을 개업했는데 선생님 한번 오시라고 했단다. 나는 꼭 가마 약속을 하고 몇 달 후 식당을 찾아갔다. 그런데 식당에서 J가 아르바이트를 하고 있는 것이 아닌가. J는 한 달 후 입대 예정이라고 했다. 살기 어린 눈은 반달눈이 되어 있었고, 열심히 음식을 나르며 일하는 착실한 청년으로 자라 있었다.

맛있게 오리구이를 먹고 있는데, J가 술 한 병을 들고 온다.

"선생님, 이거 저희 식당에서 제일 비싼 복분자주인데요. 제가 예전에 하도 말썽 피운 게 죄송해서 오늘 선물로 드리려고요. 한 잔 받으세요."

"야, 이거 아버지한테 허락도 안 받고 갖고 오면 어떡해?"

"헤헤, 아버지께 말씀드렸더니 알바비에서 제하래요."

나는 J와 둘이 마주 앉아 복분자주를 주거니 받거니 하며 한 병을 비웠다. 식사를 끝내고 나오면서 J에게 입대 잘하고 건강하게 제대하라고 인사를 했다.

"선생님, 저 이제 예전처럼 사고 안 쳐요. 예전에 선생님이 군대 가서 사고 치면 어쩌려고 그러냐고 하셨는데 걱정 마세요. 잘 다녀올게요."

갑자기 J와의 추억이 떠오른 것은 부정청탁 및 금품 등 수수의 금지에 관한 법률로 인해 의무적으로 받았던 '청렴교육' 때문이다. 얼마 이상의 식사를 교장 선생님께 제공하면 안 되고, 학부모가 자녀의 학급 학생들에게 체육대회를 한다고 음료수를 줘도 안 된다는 등의 사례를 들며 법령을 쭉 읽어 주는 방식으로 교육이 진행되었다. 거기 있는 분들이 법령을 읽지 못하는 분들도 아닌데 말이다. 거기다 강사는 교육 내내 '안 지키면 처벌받는다'고 겁박을 했다.

부정청탁 및 금품을 수수하면 안 되는 이유는 3만 원, 5만 원 등 금액의 문제가 아니다. 금품을 제공하고 부정청탁을 하면 처벌을 받는 것은 그다음의 일이다. 문제는 그런 행위들이 쌓여서 공동체를 지켜주는 공적 시스템을 무너뜨린다는 것이다. 가장 대표적인 예로 세월호 사고가 있지 않은가?

세월호 사고가 일어나기까지의 일련의 과정들은 부정청탁과 금품수수 등으로 제대로 된 시스템 작동이 어그러져서 일어났다. 사람을 구하고, 구하지 않고는 너무나 중요하여 언급할 필요가 없다. 문제는 그런 사고가 그전에도 있었고, 지금도 진행 중이라는 것이다.

부정청탁을 받거나 금품을 수수한 사람을 법률에 따라 준엄하고 공정하게 처벌하고, 학생을 대상으로 성범죄를 저지른 교원을 다시는 학교 근처에 얼씬도 못 하게 했으면 되었을 것을…….

스승의 날 학생 대표가 공개적인 장소에서 선생님에게 주는 카네이션 이외에는 어떠한 것도 주지 말라는 이 웃지 못할 지침을 어떻게 이해해야 할까? 만약 10년 전에 부정청탁 및 금품 등 수수의 금지에 관한 법률이 있었다면 나는 어떻게 되었을까? 두릅을 받았다고 해서 내가 J를 특별히 더 다정하게 대한 것은 없다. 그저 평소대로 대하며 형하고 비교하는 것만 조심했을 뿐.

어느 순간부터 교사는 자꾸 공공의 적이 되어간다. 사람들은 대부분 선생이 쉬운 직업이라고 생각한다. 그러나 전직을 하고 보니, 교육에 관계된 직군 중 교사, 그중에서 담임 교사가 가장 힘들다. 이들은 노동 강도도 엄청나다. 감정 및 육체적 노동 강도 모두 세다.

그래서 전직 이후 고민은 '교사를 춤추게' 하지는 못해도 '힘들 때 찾고 싶은 장학사'가 돼야겠다는 것이다. 하지만 여전히 선생님들은 장학사를 어려워하는 경우가 많다. 문지방이 있다면 문지방을 파서라도 문턱을 낮추겠다는 어느 장학관님의 말처럼, 아직 갈 길이 먼 것 같다. 그래도 어쩌랴, 칼을 뽑았으니 두부라도 잘라야지.

J는 어디서 무엇을 하고 있을까? 아마 20대 후반을 향하는 나이가

되었을 것인데 어디서 무엇을 하고 있는지 소식이 끊긴 지 몇 년 되었다. 분명히 춘천에 살고 있을 텐데 문득 소식이 궁금해진다. 갑자기 코끝에 그날 먹은 복분자주 향기가 훅 끼친다.

지역 특수교육 대상 학생들과 교사, 보호자 그리고 교육청 특수교육 지원센터 소속 교사들과 함께 서울 시민안전 체험센터와 근처에 있는 대형 패밀리 레스토랑으로 체험학습을 다녀왔다. 우리는 패밀리 레스토랑에 가서 한 끼 밥을 먹는 것이 아무렇지도 않은 일상이지만 특수교육 대상 학생에게는 그렇지 않을 수도 있다.

이번 체험학습은 안전교육 외에도 특수교육 대상 학생들을 위한 전환교육적 성격으로 계획했다. 전환교육은 특수교육 대상 학생들이 학교를 떠나 사회에서 독립적으로 살아갈 수 있게 해 주는 디딤돌 역할을 하는 것으로 특수교육의 중요한 분야 중 한 가지이다. 특수교육 대상 학생이 학교급을 달리하게 될 때나 공교육을 마치고 사회로 진출할 때, 최소한의 독립적인 삶을 살 수 있도록 준비를 시키는 과정이라 할 수 있다.

출발하기 전에 많은 걱정을 했다. 50명 이상의 특수교육 대상 학생들이 가서 점심을 먹을 때 혹시 다른 손님들에게 피해를 주지는 않을까, 사고가 나지는 않을까 하고 말이다. 하지만 이런 걱정도 어쩌면 그들을 대상화하는 것이 아닐까 싶어서 이내 걱정을 내려 놓기로 했다.

안전체험을 즐겁게 마치고 드디어 식당에 도착했다. 참가 학생 45명 중 휠체어를 타야 하는 학생이 두 명이었는데, 공교롭게도 우리가 이용한 식당은 2층에 있음에도 불구하고 엘리베이터가 없었다. 사전에 식당 측에 양해를 구해 휠체어를 2층까지 이동할 수 있도록 직원들이 미리 나와 있었고, 덕분에 두 명의 학생도 함께 점심을 먹을 수 있었다.

아이들은 선생님들과 특수교육 지도사들과 함께 줄을 서서 음식을 담는 순서를 기다렸다. 어떤 아이들은 다소 들떠서 소리를 지르기도 하고, 어떤 아이들은 교사의 손을 잡아끌며 자신의 시선이 가는 곳으로 함께 가자고 조르기도 했다. 음식을 담아 와서 자리를 잡고 학생들과 함께 점심을 먹는 교사들의 모습을 지켜보며 많은 생각이 올라왔다.

첫째는 특수교사들의 노동 강도가 일반교사들과 차원이 다르다는 것이다. 직원들이 와서 휠체어를 식당에 이동시켜줄 때까지 담당 교사는 계속 그들을 지켜보고 있어야 했다. 서울까지 타고 갔던 대형 버스에 휠체어 리프트가 없어서 휠체어에 탄 학생들이 버스를 타고 내릴 때 무척 애를 먹은 것은 물론이다. 대형버스의 휠체어 리프트 설치를 법적으로 의무화하면 좋겠다.

둘째, 특수교육 대상 초등학생의 경우 변화한 환경에 다소 흥분을 한다. 교사의 손을 잡은 채 자신의 시선이 멈춘 곳으로 교사와 함께 가보기를 원한다. 그래서 교사들이 제대로 식사를 하지 못하는 경우가 많았다. 나는 계속 지켜보면서 "제가 아이들을 볼 테니 선생님은 식사 좀 하세요."라고 말했다. 그러나 선생님들은 "저, 먹고 있어요, 장학사님. 특수학급은 현장학습 오면 점심 제대로 못 먹는 거 각오해야 해요."라며 웃는다.

패밀리 레스토랑에서 특수교육 대상 학생이 점심 한 끼 먹는 것을 '전환교육'이라고 보는 것에 다소 무리가 있을 수는 있다. 그러나 특수교육 업무를 하게 된 지난 두 달여 동안 '특수교육 대상 학생에게 어떤 것이 좋은 교육인가'에 대해 고민했다. 어줍은 생각이지만 특수교육의 목표 중 한 가지는 '학교를 벗어나 사회에 나가도, 특수교육 대상 학생이 최대한 장애가 없는 사람들이 중심인 우리 사회에 스며들 듯 살 수 있게 하는 능력을 길러 주는 것'이라 본다.

정기적으로 열리는 여러 가지 특수교육 대상 학생을 위한 대회들이 있다. 요즘 추세에 맞춰 e-스포츠 대회도 어마어마하게 크게 여는 것을 봤고, 또 장애인 직업 경진대회도 봤다. 그러나 현실을 봤을 때 경진대회에서 1등한 학생이 그 직업으로 취업을 할 확률은 그다지 높지 않다. 그게 현실이다.

그러면 특수교육 대상 학생에게는 무엇이 필요할까? 자연스럽게 사회에서 어울릴 수 있는 것, 패밀리 레스토랑에 가도 주변의 도움이 있다면 얼마든지 한 끼 식사를 해결할 수 있는 것, 위험한 상황으로부터 자신을 보호할 수 있거나 도움을 요청하는 연습이 바탕이 된 교육이 이루어져야 하지 않을까 생각해 본다. 궁극적인 목적은 자신의 삶을 스스로 살아가는 것임은 물론이다.

이것이 가능하기 위해서는 우리 사회의 장애에 대한 인식의 수준을 바꾸는 것이 급선무이다. 학교에서 아무리 질 높은 교육을 받아도 특수교육 대상 학생의 인권은 '특수학급'을 벗어나 사회로 나가는 순간 존중받지 못한다. 그러니 교육의 질을 높이는 동시에 사회의 인식과 문화를 바꾸어 가는 노력이 이루어져야 한다.

그럼 나는 무엇을 할 수 있을까? 특수교사들은 특수교육 관련 연수만 듣는다고 한다. 그래서 특수교사를 위한 색다른 연수를 준비 중이다. 특수교사들을 위한 학습공동체 활성화에 대한 고민을 던져 줄 연수, (특수)교사의 사유와 성장에 대한 질문을 던져 줄 연수, 그리고 특수교육에서 강조되고 있는 개별화 교육을 특수학급 학생을 위해 교과별로 어떻게 할까에 대한 질문을 던질 연수(예를 들어 특수교육에서는 국어교육을 어떻게 해야 할까에 대한 고민을 할 수 있는 그런 연수), 마지막으로 특수교사 입장에서 고민해야 할 '통합학급'운영에 대한 연수 등이 그것이다. 장애학생을 위한 교실 놀이 연수도 고민하고 있다.

선생님들은 어떻게 생각할까? 반길까? 부담스러워할까? 많이 소심해진다. 그래도 어쩌랴. 내가 선택한 길인 것을. 계속 묻고, 고민하고 또 고민해야지. 잠깐 시간이 나서 선생님 한 분께 이런 고민을 털어놓았다. 그런데 칭찬받았다.

"장학사님 생각에 동감해요. 장학사님이 말한 내용도 필요한데, 저희는 늘 특수교육 관련 연수만 듣게 되거든요. 주변에서 특수교사는 특수교육 관련 연수만 들어야 하는 것 아니냐는 시선이 지배적이죠. 전공자였던 장학사도 그런 고민하는 걸 못 봤는데, 장학사님 참 좋네요."

"에이, 아무것도 모르니 오히려 용감해지는 거죠, 선생님." 하며 자신감을 가져 본다. 그래도 고민은 계속하는 걸로. 지속적인 고민이 누군가의 삶을 울릴 수 있다면 얼마든지 그 고민은 계속할 가치가 있지 않은가.

어느덧 세월호 참사가 일어난 지 1,825일이 되는 날이다. 시간으로 계산하자면 43,800시간이다. 그동안 이육사의 시 〈광야〉에 나오는 구절처럼 '부지런한 계절'은 네 번이나 피고 지는 것을 반복했고, 학교는 다시 아무 일 없었다는 듯이 조심스레 현장학습을 다녀온다.

사고가 일어난 후, 많은 부모와 교사들은 가슴을 치고 울었으며 '미안하다'는 말을 했다. 학생들을 그냥 그렇게 죽어가게 한 것이 미안했고, '그런 배'를 타고 즐거운 수학여행을 가게 한 것이 미안했고, 그런 참사가 났음에도 불구하고 책임을 져야 할 사람들이 그에 상응하는 책임을 지게 하지 못한 것도 미안했다. 그래서 이제부터 '가만히 있지 않겠다'고도 했다. 또한 아이들이 '가만히 있으라'는 말을 듣고 가만히 있다가 죽었으니 이제부터 교육을 바꿔야 한다고도 했다.

사고 이전에 '세월호'는 단순히 배의 이름이었지만, 이제 '세월호'는 배의 이름 그 이상의 여러 가지 의미를 가지는 고유명사가 되었다. 참사 5주기를 앞두고, 학교는 세월호 사고를 어떠한 의미로 받아들이고 그 의미를 되새길 것인가?

연이어 일어나고 있는 부모에 의한 아동 학대 및 살해 사건과 세월호 이후 우리 사회가 나아갈 방향을 연결 지어 생각해 본다. 학대받고 살해된 아동은 '계부'나 '계모'와 살았기 때문에 비극적으로 삶을 마무리한 것이 아니다. 계부와 계모의 틀에 사건을 가둬 버리면 그것은 그저 '인성이 덜 된 개인이 저지른 패륜'에 머무르고 사회가 져야 할 책임은 사라져 버린다. 건강한 사회라면 그러한 부모들로부터 학대받는 아동을 보호하고 건강하게 성장할 수 있도록 사회적 안전망을 확충하고, 패륜적 범죄를 저지른 시민사회 구성원에게는 그에 상응하는 엄중한 법적 처벌이 가해질 것이라는 사회적 합의가 이루어져 있어야 한다.

세월호 사고 이후 우리 사회가 나아가야 하는 방향도 마찬가지이다. 아이들이 가만히 있어서 죽었다는 말은 하지 말자. 그 말은 사람의 도리로서 할 수 있는 말이 아니다. 수학여행을 가던 2학년 모든 학생들이 가만히 있었을 리 없고, 있을 수도 없다. 학교 현장을 떠올려 보라. 아이들이 얼마나 역동적이고 가만히 있지 못하는지를 말이다. 그런 아이들이 마지막 순간까지 국가와 사회가 자신들을 반드시 구해줄 것이라고 믿고 기다렸던 것이다.

우리 사회가 그 아이들에게 사죄해야 할 일은 그저 '죽게 해서 미안하다'가 아니다. 우리가 진짜 사과해야 할 일은 아이들이 마지막 순간까지 믿고 있던 구조를 위한 공적 시스템이 제대로 움직이지 않았던 것과 그 이후 책임자들에 대한 법적 처벌이 제대로 이루어지지 않은 상태에서 또 다시 흐드러진 벚꽃과 함께 참사 5주기를 맞닥뜨리게 되었다는 것이다. 법적 처벌을 받았어야 할 사람들은 법을 속이며 평형수를 빼냈고, 필요 이상으로 짐을 싣고 안개가 자욱한 인천항을 출발했으며, 사고가 난 후 승객인 척하고 자신들만 탈출했다.

그들에게 결여된 것은 무엇인가? 바로 민주시민이 갖추어야 할 최소한의 도덕성이다. 그들에게 결여된 것은 '인성'이 아니라 '민주시민의 도덕성'인 것이다. '도덕성'은 '착한 것'이 아니다. 법과 관습의 경계에서 개인과 사회의 이익에 균형을 맞추는 감각이 도덕성인데, 세월호 사고의 소위 '책임자'라는 사람들은 개인과 사회의 이익에 있어서 균형을 맞추지 않았다. 결국 우리 사회에서 세월호 사고와 같은 참사를 또다시 맞닥뜨리지 않기 위해 교육이 해야 할 일은 '인성교육'이 아닌 '민주시민이 되는 교육'이다.

민주시민의 가장 큰 임무는 국가와 사회가 '괴물'이 되는 것을 견제하는 것이다. 민주시민의 기본 조건은 자발성이다. 자발성은 스스로 무엇인가를 하려는 욕망과 태도라고 할 수 있다. 하지만 학교는 학생에게 자발성을 강조하면서도, 정작 자발적인 학생을 부담스러워하는 경우가 많다. 항상 '스스로 해 봐'라고 말하면서 학생이 스스로 무엇인가를 하는 것은 부담스러워하는, 앞뒤가 맞지 않는 학교와 사회에서 학생들은 혼란스럽다.

사회와 학교 그리고 학부모들은 인성교육과 교과교육을 별개로 여긴다. 대부분의 교사와 학부모는 성적도 올려 주고 인성교육도 적절하게 해 주는 학교의 모습을 기대한다. 그러나 옛 사람들의 공부하는 모습을 떠올려 보면 '교과 지식' 안에 이미 '인성 지식'이 다 들어있었다. 가장 대표적인 것이 '명심보감(明心寶鑑)'이다.

명심보감의 내용을 제대로 배우고 실천하는 것은 지식과 인성을 동시에 성장시키는 것이었다. 그러나 현대 사회에서 명심보감의 내용은 상징적 의미가 큰 것이지, 학교 교육의 내용으로 온전하게 들어오기에는 한계가 있다.

또한 인성은 배우는 자가 주체가 되기보다 가르치거나 양육하는 자가 보기에 배우는 사람이 그저 '좋은 사람'이 되기를 기대하는 성격이 강하다. 즉 배우는 자의 주체성을 등한시하게 된다. 이것이 인성교육이 갖고 있는 위험요소 중의 하나다.

어떠한 문제가 발생했을 때, 앞에서 본 바와 같이 인성의 문제로 접근할 경우, 모든 책임이 개인에게 지워질 수밖에 없다. 혼자서는 살아갈 수 없는 개인이 사회적 문제를 일으켰을 때, 개인이 속한 사회가 함께 책임을 져야 한다. 이것은 '건강한 민주시민들로 이루어진 사회'에서 가능하다. '건강한 민주시민'을 길러내는 것은 학교 교육의 의무이다.

그렇다면 이제 학교는 무엇을 해야 하는가? 교육의 본질로 돌아가자. 교육의 본질을 흐리게 하는 모든 것에 용기 있게 아니라고 말하자. 수업이 제대로 이루어지지 못하게 하는 모든 것에 저항하자. 교사는 가르치는 자이다. 동시에 배우는 자이기도 하다. 가르치고 배우는 데에 있어 방해가 되는 것이 있다면 용기 있게 '하지 말자'고 말해 보자. 이러한 용기는 엉뚱한 곳에 가 있는 교육을 제자리로 갖다 놓는 첫걸음이다.

혁신은 더하기 알파가 아니다. 하고 있는 것 중에서 하지 말아야 할 것을 버리고, 망가진 것을 고쳐서 다시 쓰는 것이다. 학교 교육의 중요한 목표 중 한 가지인 '민주시민 육성'이라는 목표는 이러한 수업을 회복하는 것에서부터 시작될 것이다.

세월호 참사 5주기를 맞이하는 지금, 학교가 해야 할 일은 공교육의 본질을 회복하고 민주시민을 길러내는 것이다. 그것이 더 이상의 '괴물'을 만들어내지 않기 위해 학교가 할 수 있는 최소한의, 어쩌면 가장 중요한 역할일 것이다.

교사는 직업일까? 소명일까? 그 어떤 것으로 설명할 수 없는 어떤 것일까? 우리 사회에서 교사에게 가장 많이 요구하는 것은 '헌신, 사명감, 도덕성, 배려, 학생에 대한 온전한 이해' 등이다. 일반적으로 교사가 아닌 사람에게 요구하지 않는 것들이다. 만약 요구한다고 해도 이 중 한두 가지 정도만 요구하지 모두를 요구하진 않는다.

나는 중등 국어 교사로 17년 3개월간 근무했다. 앞에서도 언급했지만 1995년에 대학에 입학한 나는 대학에 갈 때 다른 선택지가 없었다. 오직 사범대나 교대를 가야 대학에 보내 주겠다는 엄마가 제시한 선택지만 있었다. 지금 생각해 보면 아마도 엄마의 욕망이 투영된 것 같다. 본인이 이루지 못한 교사의 꿈을 딸을 통해 이뤄보려는 욕망 말이다.

그렇게 들어간 대학 생활은 재미없었다. 사실 나는 사회학과나 불어불문학과에 진학하고 싶었다. 난 국어교육과에 올 생각이 없었어, 라고 삐딱하게 마음을 먹기 시작하니 학과 생활이 재미있을 리가 있나. 아마 여학생 중 성적이 가장 낮지 않았을까 한다.

그러나 1998년 4월 마지막 주부터 5주간 있었던 교생 실습은 이후 내 삶의 방향을 바꾸어 놓았다. 교사가 되리라는 생각을 단 3초도 하지 않던 나에게 학생들과의 하루하루는 새로운 세계였다. 1997년 말 터진 금융위기 사태는 학교의 많은 것을 어그러뜨렸고, 나는 교육실습을 하면서 그것을 직접 겪으며 보냈다. 현장체험학습(수학여행)이 취소되는 것을 보았고, 급식비를 제때 못 내서 쩔쩔매는 아이들도 보았다.

5주간의 실습을 마치고 나는 교사가 되기로 결심했다. 그런데 어림도 없었다. 3년간 공부한 것이 전혀 없었으니까. 이후 나는 삼수 끝에 중등 국어 교사가 되었다. 처음에는 5년만 하고 그만둘 생각이었지만 보시다시피 그만두지 못했다. 나는 온전히 생계형 교사였기 때문이다.

그런데 가만히 생각해 보면 모든 직업은 생계와 매우 밀접하다. 아니, 생계를 해결하기 위한 것이 직업이다. 식상한 말로 생계도 해결하고 자아실현까지 하면 정말 좋은 직업인 것이지, 생계형 직업인이 나쁜 것은 아니다. 생계가 해결되면 어느 정도 안정적인 생활도 가능하고, 안정적인 생활은 개인에게 자기 존엄을 지킬 수 있는 힘을 주기 때문이다.

최근 경기도 교육청에서 온라인을 통해 2030세대 교사들을 대상으로 실시한 설문조사 결과 중, 일부 내용이 문제가 되었다. '교사라는 직업을 선택한 이유'에 대한 답변으로 가장 많이 나온 것이 '안정적인 삶을 위해', 2위는 '가르치는 것이 좋아서', 3위는 '학창시절 선생님 영향', 4위 '방학, 빠른 퇴근', 5위의 기타 의견, 6위는 '취직' 순의 답이 나왔기 때문이다.

실제로 일반계 고교에 근무할 때를 돌이켜보면 여학생 중 최상위권 학생은 대부분 교대나 사범대 진학을 희망했다. 교직이 안정적인 직업이기 때문이다. 학생도, 학생의 보호자도 그렇게 말한다. 아예 입학부터 교대나 사범대를 가기위한 입시 준비를 하기도 한다. 낭만적이고 감성적으로 어릴 때부터 '나는 좋은 선생님이 되고 싶어요'라고 하는 예비 교사는 예전보다 적은 것이 사실이다. 그런데 이렇게 교사가 된 학생들에게 사명감과 헌신이 부족하다고 할 수 있을까?

사명감, 헌신, 이런 것은 타자가 그에게 요구하는 것이다. 본인이 갖는 것이 아니다. 사명감과 헌신은 요구하는 자가 쓰는 말이다. 저걸 당사자의 언어로 바꾸면 '즐거움, 건강함'이다. 즉 직업에 임하는 자세는 '즐거움과 건강함'이어야 한다.

특히 교사가 '자기'는 없고 요구받는 사명감만 가질 때 소진 상태에 빠질 수 있다. 이미 그런 교사들도 많다. 소진되고 탈진되어 공허하게 학교를 왔다 갔다 하거나 그저 학교를 견뎌내는 교사들 말이다. 교사는 자기를 돌볼 시간도 없이, 자기를 들여다볼 여유도 없이, 동료 교사와 얼굴 보고 얘기할 시간도 없이 몰아치는 업무와 수업 그리고 심지어 돌봄까지 할 것을 요구받고 있다.

교사는 상대적으로 수업을 위주로 하는 학원 강사와 늘 비교된다. 나는 학원 강사와 교사를 비교하는 기저에 교사에 대한 우리 사회의 태도가 내포되어 있다고 생각한다. 수업은 학원 강사가 더 잘한다고 이미 단정짓고, 교사는 수업은 잘 못해, 그러니 애들에겐 친절해야 하고 민원 응대도 잘해야 하고, 헌신적으로 일해야 한다고 이미 교사의 역할을 정해 놓았다. 이렇게 요구받는 직업이 또 있을까? 그러니 교사들이 빠른 시간에 소진되는 것은 예견된 일이다.

교사들에게 여전히 스승이기를 바라고(스승이 갖고 있는 사회적 의미를 떠올려 보라), 아이들에게 헌신하길 바라고, 퇴근 후에도 늦게까지 남아 학생들도 봐 주고, 또 일도 해 주기를, 그 누구에도 친절하기를, 자기 생각을 신중하게 말하거나(사실은 숨기기를), 교사-교감-교장의 직제에 순응하기를, 회의 자리에서 반론을 내지 않기를, 착하고 바른 생활을 하기를 기대한다. 이것은 학교 밖의 사람들이 교사를 타자화 하는 흔한 방법이다.

누군가 내게 "당신은 어떤 선생님이세요?"라고 묻는다면, "나는 생계형+즐거운 교사요."라고 대답할 것이다. 내가 이렇게 오랫동안 교사로 살 거라 생각하지 않았지만, 교사인 내가 참 좋았고, 학생들과 지내며 문학 수업을 하는 것이 즐거웠다. 아마, 사명감 투철한 교사로 살았다면 그렇게 오랫동안 교사로 살지는 못했을 것 같다.

즐거움은 구체적인 것이지만, 사명감은 막연한 것이다. 게다가 사명감은 남이 나에게 요구하고 집어넣는 것이지 내 것이 아니다. 우리, 학생들 앞에서 사명감만 갖고 있는 교사가 아니라 교사로 사는 즐거움과 건강함을 누리는 '나다운' 교사가 되자! 건강한 생계형 교사들이 학교를 즐겁고 건강하게 만드는 즐거운 상상을 해 본다.

교
사
로

산
다
는

것

"혹시, 김현진 선생님 맞으세요?"

열흘 전쯤, 교무실 내선으로 전화가 왔다.

"네, 제가 김현진인데, 누구시죠?"

"선생님, 저 소미(가명)예요!"

"소미?"

"네, 2005년도에 ○○중학교, 저 기억하세요?"

"당연하지, 네 동생 이름이 철희잖아?"

"헐, 그걸 어떻게 기억하세요?"

"야, 그럼 그것도 기억 못 하겠니?"

이렇게 소미와의 통화가 11년 만에 이어졌다. 어떻게 연락을 하게 됐냐 하니, 올해 26세인 소미는 잠시 직장을 그만두고 최근 몇 개월간 구직활동을 하고 있다고 한다. 구직하느라 힘이 들었는데 중학교 때 국어 시간에 함께 암송하던 시들이 자꾸 떠오르더란다. 그러다 국어 선생님이었던 나를 떠올렸고, 구글에 내 이름을 검색을 해 보니, 2015년 10월 31일에 익산에서 내가 실천교육교사모임의 '교사가 만들어 가는 교육 이야기'에서 발표한 영상을 찾았단다. 그리고 그 영상을 따라 계속 검색을 해서 에듀니티에 올라가 있는 영상까지 찾아 드디어 내가 있는 학교를 알아낸 것이라고 했다.

소미와 나는 2005년에 만났다. 당시에 난 춘천 근교의 소규모 중학교에 근무하고 있었고 학생들과 한 학기에 시 10편 외우기를 했다. 처음에는 수행평가로 시작했으나, 나중에는 꾸러기들에게 벌을 줄 때 시를 암송하게 하고, 시를 암송하면서 어떤 생각과 느낌이 들었는지 이야기하게 했었다.

소미는 인터넷에서 나를 찾다 2015년에 익산에서 발표한 내 영상을 보고는 혼자서 막 울었단다. 마치 중학교 때 수업을 다시 듣는 것 같아서. 그래서 더 열심히 나를 찾아 연락을 한 거였다. 소미는 중학교 친구 수진(가명)이와 지금도 종종 시를 외운다고 했다. 통화를 하면서 소미는 또 운다.

"선생님, 저 고3 때부터 대학 가서도 참 힘들었는데 그때 선생님 생각했어요."

"그럼 진작 연락을 하지!"

"제가요…… 직장도 변변치 않고……."

"뭐? 장난하냐? 야, 내가 너보고 밥 사라 할까 봐?" 하며 같이 훌쩍였다.

소미의 고교 절친이 강원도 어느 학교에서 교사를 하고 있는데, 2017년 2월에 내가 그 학교에 가서 인권교육을 했다는 얘기를 들었다고 한다. 소미가 그 선생님이 중학교 때 국어 선생님이라고, 그때 암송한 시들을 지금도 외운다고 자랑을 했단다. 그런데 그다음 얘기가 나를 또 울린다.

"그땐 암송하기 너무 싫었는데, 그 시들이 삶에 작은 위로가 될지 몰랐어요."

언제 시간을 맞추어 소미랑 수진이랑 함께 만나 술 한잔하기로 했는데, 사는 것이 뭐가 그리 바쁜지 여태껏 못 보고 있다. 취업 못 했어도 샘이 많이 사줄 테니, 걱정 말고 만나자고 문자라도 보내야겠다.

소미 말고도 가끔 제자들과 연락이 닿으면 취업을 못 해서 그동안 연락을 못 했다고 말하는 녀석들이 있다. 그럴 때 나는 화를 내지만, 한편으론 마음 한구석이 서늘해진다.

'그건 네 잘못이 아니야'라는 말이 그 아이에게 도움이 될까. 동시에 내가 그 아이를 가르칠 때 어른이 되어 노동자가 되었을 때 최소한의 자기 존엄과 혹은 자기결정권을 지킬 수 있도록 가르쳤는지 기억을 되돌려 보기도 한다. 그때 인권에 대해 알았더라면 지금 좀 덜 미안해하지 않았을까 싶다.

내가 교사로서 살아온 흔적들이 누군가에게 이렇게 크게 남아 있다고 느껴질 때마다 나는 내가 교사인 것이 참 두렵기도 하고 또 기쁘기도 하다. 더 깊은 사람이 되려고 노력한 이유도, 내가 아직 교사로서는 영 멀었단 생각이 들었기 때문이다. 물론 아직도 더 깊은 사람이 되지 못했다. 여전히 진행 중이다.

교사로 산다는 것. 투철한 사명감이 아닌, 건강한 직업의식으로 학생들의 삶에 공명(共鳴)할 수 있는 것만으로도 좋은 교사로 살 수 있는데, 가끔 아니 자주 그렇지 못할 때가 있어서 자괴감에 빠지곤 한다. 학생들의 삶에 공감하는 능력이 떨어질 때, 그때 내가 교사를 그만두어야 하는 시기라고 아주 오래전에 다짐해 두었다. 그걸 늘 기억하려 하면서도 자주 잊곤 한다.

완성된 교사는 없다고 생각한다. 그러나 완성된 존재가 되기 위한 노력을 게을리 하는 교사가 교사로 사는 것이 바람직한가 하는 의문은 있다. 여전히 나는 완성된 존재로 가는 길에서 벗어나지 않으려고 노력하고 있다. 새내기 교사는 아니지만, 나는 지금도 알을 깨고 있다. 그 알이 부화되어 무언가를 이룰지는 모르지만, 알을 깨어 나오는 과정이 교사로 사는 자체일 수도 있으리란 생각을 하며 다시 신발 끈을 잡아맨다. 다시, 시작이다!

에필로그

13,368시간이 가르쳐 준 것

13,368시간.

2017년 8월 31일, 학교를 떠난 날부터 이 글을 쓰고 있는 지금까지 지나간 시간이자, 학교를 떠나 학교 밖에서 학교를 볼 수 있던 소중한 시간이었습니다.

2014년 4월 16일, 하루 종일 울었다 참았다를 반복하며 배가 바다에 침몰하는 것을 그저 바라보았습니다. 그 후 나는 '교사로서 어떻게 살아갈 것인가?'를 고민하다가 '인권'을 알게 되었습니다. 인권은 그저 나의 권리라고 알고 있었습니다. 그래서 타인에게 존중받아야 하는 것이라 오해했습니다. 그러나 지난 5년간 인권을 공부하면서 인권은 한 개인이 스스로 서는 데 가장 필요한 것이고, 자기 삶을 꾸려가는 데에 더없이 소중한 것임을 알게 되었죠. 어쩌면 인권을 알기 전과 알고 난 후의 교사로서의 제 삶은 달라진 것 같습니다. 아니, 확실히 달라졌습니다.

저는 좋은 교사가 되고 싶었습니다. 인권을 알기 전에는 그저 주어진 일을 열심히 하면 좋은 교사라고 생각하며 살아왔습니다. 그런데 어느 순간, 아무리 열심히 해도 채워지지 않던 공허함을 느꼈습니다. 그게 뭘까 몇 년을 고민하다 학교를 떠나고 나서 알게 되었습니다. 학교에 있을 때 저는 비교적 괜찮은 교사였지, 학생과 동료 교사의 자기결정권을 존중하는 교사는 아니었던 것을 말입니다.

학생이나 혹은 동료 교사들과 더욱 적극적으로 소통하고 공감했어야 하는데, 나 혼자의 만족감만을 중요하게 여겼으니 그 간극에서 공허함이 생긴 것이었습니다. 내가 생각한 대로, 내가 원하는 대로 학생들이 생활하고 동료 교사가 움직이면 '행복한 학교'라고 착각했던 것이죠. 소통과 공감은 타인에게 베푸는 것이 아니라, 그와 상호 동등한 자리에서 가능한 것임을 학교를 떠나 알게 되었습니다.

학교에 있었다면 더 많은 글을 썼을지 모릅니다. 왜냐하면 학교는 이야기할 것이 넘쳐나는 곳이기 때문입니다. 이야기는 누가 만들까요? 사람이 만들죠. 학교는 사람이 사는 곳입니다. 그래서 인권 친화적이어야 합니다. 학생들이 두발자율화를 허락받은 것이 아닙니다. 원래 갖고 있어야 할 신체에 대한 자기결정권을 제 주인에게 돌려

줬을 뿐입니다. 학교는 그렇게 학생들에게 자기 몸에 대한 최소한의 결정권도 허락하지 않는 곳이었던 것이죠.

요즘 아이들이 되바라진 것이 아니라, 세상이 변했고 아이들은 그저 세상의 흐름에 몸을 맡겼을 뿐입니다. 교사이면서 어른인 우리가 자꾸 그들을 딱딱하고 네모진 틀 안에 밀어 넣으며 왜 자꾸 벗어나려 하느냐고, 그러다 커서 뭐가 되겠냐고 하고 있는 것은 아닐까요?

한 발 더 나아가, 교사인 우리는 스스로의 존엄과 타인의 존엄을 고민한 적이 있을까요? 아마 없을 것입니다. 중고등학교를 다닐 때나 사범대 혹은 교대를 다닐 때에도 그런 것이 왜 중요한지에 대해 배운 적이 없으니까요.

선생님들이 행복해야 학교가 행복하다는 말을 우리는 자주 합니다. 행복하다는 것은 내가 내 삶을 스스로 꾸려갈 때 느끼는 만족감이라고 생각합니다. 그런데 가만히 보면 아직 선생님들은 학교에서의 자기 삶을 온전하게 스스로 꾸려가지 못하는 것 같습니다. 그것이 선생님 탓만은 아닙니다. 학교 안과 밖의 여러 가지 이유 때문입니다. 좋은 선물과 최신식 교육기자재가 있다고 해서 행복한 학교에 근무한다고 할 수 없습니다. 자기 삶을 온전히 꾸려가야 행복한 교사인데, 학교는 교사에게나 학생에게나 자기 삶을 온전하게 꾸려가기에는 더 나아져야 할 것이 많습니다.

5년 후, 10년 후 학교는 어떻게 변해 있을까요? 학교는 대부분의 구성원이 행복한 곳이 되어 있을까요? 어떻게 하면 학교 구성원의 대부분이 행복할 수 있을까요? 이런 고민을 학교에 있을 때 좀 더 빨리 했더라면 얼마나 좋았을까 하고 후회를 합니다. 하지만 '아직 늦지 않았어'라고 스스로를 위로하며 '그러면 지금 나는 무엇을 할 수 있을까?'라는 고민을 늘 하고 있습니다. 마지막 페이지를 덮는 선생님과 그 고민을 함께 하고 싶습니다.

선생님, 당신은 참 멋진 교사입니다!

학교에 사람꽃이 피었습니다

초판 1쇄 발행 2019년 4월 16일
초판 2쇄 발행 2019년 12월 11일

지은이 김현진

발행인 김병주
출판부문 대표 임종훈
주간 이하영
편집 권은경
디자인 박대성
마케팅 박란희
펴낸 곳 (주)에듀니티(www.eduniety.net)
도서문의 070-4342-6114
일원화 구입처 031-407-6368 (주)태양서적
등록 2009년 1월 6일 제300-2011-51호
주소 서울특별시 종로구 인사동5길 29 태화빌딩 9층

ISBN 979-11-6425-021-9 03370